激活语言本能
让孩子像学母语一样学英语

顾 悦 著

机械工业出版社
CHINA MACHINE PRESS

为什么孩子花了很多时间学英语,效果却不好?是因为使用了完全错误的方法。

《激活语言本能》将从根本上帮助您解决这个问题。本书基于语言学理论以及大量教学经验,告诉我们为什么每个孩子都是学语言的天才,到底什么才是学英语的科学方法。

本书会帮助家长识别、摒弃错误的英语学习观念,引导孩子摆脱低效的英语学习方式,用科学方法学英语。本书也从实际操作的角度,为读者绘制了一张详细的英语学习"路线图"。不同年龄的孩子都可以依照这张路线图,用对方法、选对材料,轻松激活"语言本能"。用好书中的方法,学英语就会像学母语一样简单。

背单词、学语法、做习题、跟读朗读、自然拼读等,都无法真正提高孩子的英语水平。孩子处在学语言的黄金年龄,只要方法正确,可以极为轻松地掌握任何一门语言。"二语习得泰斗"史蒂芬·克拉申的理论指出,"可理解性输入"是掌握语言的唯一方式。孩子只要浸泡在大量难度适当、内容有趣的英语材料中,就能用潜意识吸收,轻松学好英语。

读完这本书后,相信你可以引导孩子轻松、愉快、高效地踏上英语自由之路,让孩子的英语水平接近母语,为未来发展奠定坚实的基础。

图书在版编目(CIP)数据

激活语言本能:让孩子像学母语一样学英语/顾悦著. -- 北京:机械工业出版社, 2024.12. -- ISBN 978-7-111-77054-1

Ⅰ. H319.3

中国国家版本馆 CIP 数据核字第 2024HT9977 号

机械工业出版社(北京市百万庄大街22号 邮政编码100037)
策划编辑:徐曙宁　　　　　责任编辑:徐曙宁　兰　梅
责任校对:李小宝　张　薇　责任印制:任维东
河北宝昌佳彩印刷有限公司印刷
2025年5月第1版第1次印刷
169mm×230mm · 12.5 印张 · 1 插页 · 129 千字
标准书号:ISBN 978-7-111-77054-1
定价:69.80元

电话服务　　　　　　　网络服务
客服电话:010-88361066　机　工　官　网:www.cmpbook.com
　　　　　010-88379833　机　工　官　博:weibo.com/cmp1952
　　　　　010-68326294　金　书　网:www.golden-book.com
封底无防伪标均为盗版　机工教育服务网:www.cmpedu.com

序　言

学英语这么简单的事

如今，孩子的英语学习成为很多家长心中一个非常重的心理负担。

一方面，英语真的很重要。英语的好坏不仅决定孩子学业分数的高低，而且也会影响孩子的人生选择。另一方面，孩子的英语学习对很多家长来说也是一个大难题。孩子和家长都很累，虽然花了很多时间学英语，但是效果却不好。

这些年，我越观察我们的英语教育，就越感慨。无数的人、无数的家庭，投入了大量的时间、精力、金钱和心血，最后学习效果还是非常差。很多孩子辛辛苦苦地上了很多课，做了很多题，学了很多语法，背了很多单词，最后英语还是不过关，对英语的兴趣也越来越低。很多人从小学甚至幼儿园就开始学英语，但结果还是完全听不懂也不能说。中国人在英语学习上投入的时间很长，投入的人力财力物力很多，出版的英语教材、练习册也最多，然而英语学习效果却很不理想。

这是因为大多数人用的是错误的英语教学和学习方法。

前几年，有家长给我发过一个视频：一位操着一口极其不标准英语的老师在给孩子上英语课，上课时主要就是拿一本练习册让孩子做，然后用中文跟孩子讲解，为什么这个选 A，为什么那个选 B，有什么规则，讲了一大堆知识点，孩子记了一大堆的笔记。这样的教学，就算是一个英语专业的大学生，听了这些知识点，脑子也都一团浆糊了，十岁的孩子怎么可能搞得懂？一群小学生被困在小小的教室里，一天天地做题，真的很可悲。

孩子本来处在学语言的黄金年龄。青春期之前的孩子不需要任何超常的努力，就可以轻松地达到英语母语水平。青春期之后的孩子，语言能力也没有完全退化，如果孩子没有学好英语，那么只有一种可能，就是用的方法实在是大错特错。

一个孩子学好一门语言，唯一的方法就是用学母语的方法。

人之所以会说话，能够学会语言，没有别的原因，仅仅是因为语言是人类的生物本能。孩子学语言就像小鸟学飞翔一样，是非常自然而然的过程。

一些自媒体、培训机构和老师会把这件事情搞得特别复杂，列出每个年龄段要学什么，掌握什么知识、什么技能，单词要背多少，教材要学哪几种……搞得家长也越来越焦虑。

语言学习并没有那么复杂，因为它靠的是孩子的本能。

根据"二语习得泰斗"史蒂芬·克拉申（Stephen D. Krashen）

教授的理论，世界上只有一种掌握语言的方式，就是在轻松的状态下，把自己浸泡在语言当中。这就是小婴儿学会母语的方法，这样的方法叫作"可理解性输入"。

只有用快乐、自然的方式才可能学好英语。用婴儿学母语的方法学外语，才能学到接近母语的水平。只要给孩子足够的语言刺激，并且不对他进行干扰，孩子就可以轻轻松松地掌握任何一种语言，英语学习会变得简单、有趣，孩子的童年也会变得完全不一样。

每个孩子都是学语言的天才，就好比每一只鸟都是飞翔的天才，每一条鱼都是游泳的天才一样。学语言对孩子来说，本应是一件不费吹灰之力、易如反掌的事。我们需要做的就是两点：第一，掌握正确的方法；第二，拥有放松的心情。

大家都很希望孩子能够学好英语，却常常被错误的方法和错误的心态带偏了方向。因此大家最需要的，是一个正确的大方向。如果大方向错了，任何所谓的秘诀、资料、干货，对孩子的英语学习其实都没有帮助。

本书中，我们就来谈谈，家长究竟应该如何依据科学的语言学习规律，引导孩子轻松、愉快、高效地"自然习得"英语。相信读完这本书后，你的孩子将走上一条完全不同的英语自由之路。

目　录

序言　学英语这么简单的事

第一章　每个孩子都是学语言的天才┊1
　　一、小孩子到底是怎么学会语言的？┊2
　　二、克拉申的二语习得理论："可理解性输入"是一切┊5
　　三、抓住语言敏感期，培养双语孩子┊10

第二章　错误的方法，阻碍了孩子英语的起飞┊23
　　一、一定不要背单词┊24
　　二、语法不是靠学的┊28
　　三、做题、讲题不提高分数┊31
　　四、避免跟读、朗读┊34
　　五、自然拼读不用学┊35
　　六、测试、指标、教材┊37
　　七、专注习得，远离各种错误方法┊40
　　八、孩子学英语的两种境界┊44

九、家长停止焦虑，孩子轻松习得 ┆ 48

第三章　自然习得的具体操作方法 ┆ 67

一、听是孩子习得语言的最佳方法 ┆ 68

二、听力输入的简单方法：英文背景音 ┆ 70

三、输入先于输出，让孩子自然开口 ┆ 76

四、阅读将孩子引入语言高级阶段 ┆ 81

五、最好的阅读方法——自由自主阅读 ┆ 84

六、从听过渡到阅读的具体操作方法 ┆ 87

七、语感才是真正的英语能力 ┆ 91

八、写作是阅读的自然结果 ┆ 95

第四章　不同年龄的孩子如何规划路线、选择资源 ┆ 125

一、学龄前：大量接触英文声音，实现英文启蒙 ┆ 126

二、小学阶段：坚持可理解性输入，减少传统方法的影响 ┆ 128

三、中学阶段：打开高级英文世界，降维打击传统课程 ┆ 131

四、孩子的考试怎么办？ ┆ 133

五、听写：强化突击的好方法 ┆ 138

六、英文输入材料的选择原则 ┆ 140

七、经典英文听读材料推荐清单 ┆ 148

八、如何鉴别市面上的课程、培训班及英语学习产品？ ┆ 158

第一章

每个孩子都是学语言的天才

一、小孩子到底是怎么学会语言的？

我们谈论孩子的语言学习时，一定要先了解人类语言发展的生物性基础，尊重基本的科学规律，否则所有的方法都是痴人说梦。

我们先回到基础的理论，从发展心理学的角度谈一谈孩子学语言的问题。

胎儿还在妈妈肚子里的时候就可以听见声音。有科学家做过实验，小宝宝出生之后会更喜欢听那些妈妈怀孕的时候唱的歌。

婴儿生下来两天，就能够对别人说的话有反应了。四个半月的时候，他们就可以听懂自己的名字，到五个月时就可以区分两种不同的语言了。在婴儿还不会说话的时候，他们就可以听懂复杂的句子。

孩子的语言能力会随着年龄增长进一步发展。一般来说，在十个月到十四个月大的时候他们会蹦出第一个词。到十八个月左右，孩子的语言能力和词汇量会有一个爆发式的增长。从一岁半到两岁，孩子的词汇可以从几十个达到几百个。一岁半开始，孩子就可以说句子了，到两岁的时候已经可以大量地说句子。

两岁多一直到三岁半，是孩子的又一个语言爆发期。三岁左右，孩子的听力和口语水平已经比较接近成年人了，能够组成上千种不同的句法结构，而且可以理解和实践很复杂的语法规则，进行很复杂的语言交流。再往后，孩子的词汇量又会进一步增长，综合语言能力也在提升。

一个正常的孩子暴露在语言中一定时间，就会自然地开始说话。各种研究都表明，除了残障儿童之外，所有孩子的语言发展不会有非常明显的差别。当然，每个孩子开口说话的时间是不一样的，学语言的速度也可能会有一些差别，但是最终都能达到比较理想的程度。

这个过程中，语言究竟是怎么被孩子掌握的？著名心理学家史蒂芬·平克（Steven Pinker）在他的《语言本能》（*The Language Instinct*）一书中指出，语言是人类的本能。语言能力是刻在我们的基因里的，是由人类的大脑结构决定的，是人天生的能力。**孩子能够学会语言，是因为语言是人的生物本能，并不是因为努力学习。**以乔姆斯基为代表的语言学家就十分认同这种先天论观点。

艾弗拉姆·诺姆·乔姆斯基（Avram Noam Chomsky）是当代最伟大的语言学家之一。他认为，大脑中有一个"语言习得装置"（Language Acquisition Device，LAD），是大脑中的一套神经系统，好比人的"语言器官"，就像鸟的翅膀是飞翔器官一样。有了这样的器官，我们就能自然而然地习得语言。小宝宝之所以能在短短两三年时间内就学会极其复杂的人类语言，掌握复杂的语法结构、句型和复杂的发音，就是因为大脑中有这样一种"语言习得装置"。小宝宝学语言的过程，就是激活先天语言习得装置的过程。

语言不是学出来的，是人的生物本能。大脑的语言本能可以让孩子毫无负担地掌握一门语言。

正是因为人类有这样的语言习得装置，所以小宝宝并不只是模仿语言，也能够重组和创造语言。整个过程中，他们完全不懂任何语法规律，也完全没有记忆过单词，却可以通过他们接收的语言，自己在大脑中识别出内在规律，创造出新的句子、新的结构。

孩子们在智力没有完全发育的时候，就能够迅速地掌握极为复杂的语言。一些品种的狗比两三岁孩子的智力还要高，但狗是绝对不可能学会像人一样说话的，因为狗没有人的"语言器官"。

随着脑科学和生物遗传学的发展，越来越多的当代研究证实了乔姆斯基的理论，即语言能力是写在人类基因中的，是大脑的一种先天功能。婴儿的语言加工活动，从几个月大的婴儿大脑的核磁共振图像中就可以看出。

史蒂芬·平克在书中也说到，有的人认为语言需要专门学习，其实这是经不起推敲的看法。就跟鸟会飞、鱼会游、老鼠会打洞一样，人类天生就有语言能力。语言不是学出来的，也是学不会的，就好比人学不会像鸟一样飞、像蚕一样吐丝、像蜜蜂一样酿蜜。鱼会游泳不是因为上过游泳培训班，老鼠会打洞不是因为上过打洞培训班，人会说话也不是因为上过说话培训班，而是因为人天生有语言本能。

《语言本能》里有一个例子：非洲有一个部落认为，人无论是站立、坐下，还是走路，都需要非常刻苦地学习，所以他们制作了各种很复杂的教具来教孩子学习这些行为。但是大家都知道，这些根本不用教，孩子天生就会。到了一定年龄，人自然就会站立、坐下或走路，因为这些都是本能。

语言也是人类的本能，每个孩子都是学语言的天才。所以，千万不要把英语当作一门知识、一门学科来学，而是要顺应人的本能，利用人大脑中的"语言器官"轻松地掌握一门语言，这是唯一的道路。

很多学者也发现，无论学母语还是学外语，人的语言学习路径是完全一样的，本质上都是靠语言本能。婴儿式的方法是学会任何语言的最佳方式。用学母语的方法学英语，是充分利用大脑的语言本能、轻松愉快地让英语达到很高水平的一种非常好的方法。所以，当你不知道孩子该怎么学英语的时候，只需要回忆一下孩子在婴儿时期是怎么学会汉语的。孩子能够学会世界上最难的语言之一——汉语，一定也能用这样的方法学会英语。

既然婴儿可以那么轻松地学会母语，那么用婴儿的方法学语言一定最简单、也最有效。英语学习唯一的正确方法就是，让孩子用学母语的方法学英语。只要顺从人的语言本能，就可以像飞翔的鸟和游泳的鱼一样，自然地学会一门语言。

二、克拉申的二语习得理论："可理解性输入"是一切

史蒂芬·克拉申教授是美国南加州大学的著名应用语言学家，是"二语习得"理论的泰斗，他的理论也受到乔姆斯基的很大启发。在所有关于语言学习的理论中，克拉申的理论是我最认同的。我这些

年观察的每一个英语学习案例，无论是成功的还是失败的，都加深了我对克拉申的敬佩和认同。

克拉申教授提出了五大假说，这些假说系统地指出了语言发展的规律，对孩子的语言发展有很大启发。其中的第一大假说是"学习—习得假说"——**"习得"是掌握语言的唯一方法，"学习"无法提高语言水平**。

克拉申区分了学语言的两种常见方式："学习"和"习得"。习得（Acquisition）在英文中的意思是"获得"，是一种无意识的学习，是大脑自动吸收语言的过程，也可以被称为"隐性学习"。学习（Learning）也可以被称为"显性学习"，就是像我们学任何知识，比如学数理化、学历史地理所用的方法，用意识进行的学习。这也是传统上大多数人学语言的方法。

克拉申的这一假说告诉我们，"学习"是无效的，只有"习得"才能让我们学会一门语言。

克拉申反复强调，语言是人的本能，并不是靠后天练习和刻苦学习获得的。根据克拉申的理论，语言习得是一种无意识的、自然而然的、无法抗拒的过程，并不需要很多努力。大脑的语言装置跟五脏六腑一样，是自然而然地运作的，不需要控制，想停都停不下来。就像我们吃进食物，肠胃就会自动消化吸收一样；我们听到语言，也会这样自然吸收。小宝宝不是自己想学说话的，而是只要生活在人群中间，就自然而然、不受控制地一定会开口说话。

人类习得语言是一件纯自然的过程，这也是为什么克拉申会把它称为"自然法"(The Natural Way)。习得的特点就是，只要接触得足够多，就能够掌握一门语言，这是一个完全被动的、轻松的过程。

语言习得是一个潜意识的过程。如果用意识去学语言，去研究、记忆一大堆知识和规则，根本就不是在提高语言水平。一门语言包含的语法规则有无数个，知识点也有无数个。就算把数万个单词都背会了，每个单词对应的固定搭配至少也有几十个。想要涵盖英语最基本的知识点，需要耗费海量的脑力和时间；即使我们刻苦地学会了这些语言知识点，到真正需要运用它们时，我们很可能把大部分都给忘了。所以，传统的直接教授知识点的语言教学效果非常差，而且随着时间推移，学习效果迅速消失。比如，有人以前学过英语，但只要几年不上课，就什么都不会了。

人脑的特点也决定了用意识学习语言的无效性。根据脑科学研究，人类掌管语言的器官在左脑的外侧裂周区，比较靠近我们的嘴部运动区、听觉区、视觉区、体觉区等，跟储存学科知识的区域是不在一起的。用意识学习获得的"显性知识"属于意识层面，自然习得获得的"隐性知识"属于潜意识层面，它们分别存放于大脑不同的分区。所以，用意识学习无法提高语言水平。

这好比张三家储存着你学的那些关于语言的知识，李四家才是大脑真正管语言的地方。只掌握很多关于语言的知识是没有用的，这就像你在张三家耕田，怎么可能指望李四家的地长出庄稼？你也许十分了解鸟是怎么飞的，非常熟悉各种鸟类的知识，但是你本人还是飞不了，这就体现了学习和习得最本质的区别。

克拉申的另一个假说是"输入假说"（The Input Hypothesis），认为自然习得的唯一方法就是获得足够的"可理解性输入"（Comprehensible Input）。

听英语和看英语都算是在"输入"。那什么叫"可理解性输入"呢？就是听和看有内容的、能懂的、感兴趣的英语。**唯一提升英语水平的方法就是"可理解性输入"**。大量输入难度适当、内容有趣的英语材料，浸泡在英语中，用潜意识吸收，才能学好英语。

克拉申的可理解性输入理论认为，**一个人只要大量地输入一门语言，就可以自然地学会这门语言**。

这是克拉申多年的研究结果，大家可以简单地把它类比为小婴儿学语言的方法。只有小婴儿学语言的方法才是学会语言的唯一方法，世界上没有第二种学习语言的方法。

克拉申还总结出"i+1原则"，i代表习得者现有的水平，这个原则是说选择的输入材料应该是比孩子现有的英语水平略高一个级别的。太难了，孩子就完全无法进行学习，是不可理解的输入。

但是到了研究后期，克拉申就不那么强调"i+1"了，因为很多人被"i+1"的概念束缚了，对材料的选择过度纠结。记住，一方面，只要孩子对材料感兴趣，就自然说明了这样的材料是可理解的；另一方面，任何材料都会包含新的、我们还没有完全掌握的语言现象，都有"i+1"里这个"+1"的部分。总而言之，**选择可理解性输入材料还是要以兴趣为主**。

英语不是学出来的，是泡出来的，好比牛奶泡饼干或者海绵吸水。**只需要把孩子泡在有趣的英语材料中，一切问题就都解决了**。让孩子大量听和看英语材料，他们就会自然地习得英语。而只是认真刻苦地学习跟英语相关的各种单词、语法知识，把英语当作一门学科来研究，则完全不提高英语水平。

进行可理解性输入的过程中有几点需要注意。

第一，要输入有内容的语言，有足够的语言材料的刺激，包括视觉和听觉刺激，比如看英文动画片、听英文故事、读英文书，而不是背单词、学语法、做题目。

第二，这个过程需要可理解；输入的内容如果太难，或者孩子不感兴趣，就无法成为有效的输入。所以，给孩子的材料必须是他们有一定兴趣的，并且大致能懂的。

第三，孩子学语言的心态一定是放松的，不然学的内容就会左耳进右耳出，大脑就会自动屏蔽。如果家长和老师带着很强烈的焦虑情绪让孩子学英语，孩子一定是学不好英语的。

这些年，我见到英语学得好的人，都会采访一下，了解他们是怎么学英语的。我基本上没有见到过因为认真上课、认真完成作业所以英语学得好的人。凡是英语好的人，一定都是按照克拉申的思路，进行了大量的可理解性输入。

总而言之，根据克拉申的理论，用意识学习英语并不能提高孩子的英语水平，只有自然习得才能提高孩子的英语水平。让孩子用自然习得的方法，轻松愉快地习得英语，也就是让孩子用学母语的方法学英语。

具体怎么做？一句话，大量的可理解性输入——把孩子浸泡在美好的、有趣的英文材料中，完全出于兴趣地大量听、大量阅读，让他们只是享受有趣的材料，而不是把英语当作一门学科来学。一头扎进英语世界的海洋，孩子就能自然而然地在里面畅游，把英语发展到接近母语的水平。

三、抓住语言敏感期，培养双语孩子

孩子学语言普遍比成年人有更大优势。研究表明，年龄较小的外语学习者在外语学习中的表现会好于年龄较大的学习者，这一发现被称为**"关键期假说"**。一定年龄之前的孩子处于语言习得的黄金时期，学任何语言都可以达到母语水平。"关键期"之后，大脑的可塑性降低，这时再开始学语言会很难达到母语水平。

后来，学界又进一步修正，提出了**"敏感期假说"**，认为孩子的语言习得确实有黄金期，但语言能力的弱化是渐进的。青春期开始后，人掌握语言的能力的确会随着年龄增长而降低，但并非立即减退，也不会完全丧失。克拉申也认为，人脑中的语言习得装置一直存在，只是青春期后没有青春期之前强。"敏感期"之后，只要进行可理解性输入，人依然拥有自然习得语言的能力。

孩子的语言"关键期"或者说"敏感期"什么时候结束，说法不一。有人说十岁，有人说十二岁，也有人说十六岁，但总体来说青春期是一个坎。我自己的观察也证实了这一点。我在美国的时候

发现，十三岁之后来美国的人，可以从英语口音听出他们是外国人，而十三岁之前来美国的就几乎听不出外来口音。

孩子比大人更擅长学习语言，这背后有很多原因。

首先，孩子的听觉发育是早于视觉的。小宝宝耳朵特别灵，能够分辨特别细微的声音。刚出生几个月的孩子对声音的辨别能力就已经非常强了。孩子能轻松习得极其标准的发音，这是成年人很难做到的。

孩子习得外语的另一个优势在于，他们不会进行系统的知识性学习，只是自然地吸收语言、模仿语言。孩子更容易接纳、喜爱新的语言，没有那么多的约束，不会进行那么多的分析，也不会过度害怕、担忧。他们的意识还没有发展，只能用潜意识吸收语言，反而很少被干扰。由于语言承载着有趣的、有意义的内容，孩子往往对语言有很大的兴趣，自主地进行着可理解性输入。

小婴儿用他们还没有发育完全的智力，就可以学会复杂的语言，而我们用极其复杂又劳累的方式学习外语，却往往成效不大。这体现了想要跟生物性本能、跟宇宙的本源规律对着干，我们会显得多么渺小，这就好比我们违背重力原则，想要拽着自己的头发把自己拎起来一样。

只要方法得当，让我们的孩子达到英语母语水平是很容易的事情。十三岁之前尤其简单。只要有英语环境，一年时间，他们的英语基本就可以自然达到母语水平。

我有一些同事和同行，如果去美国做一年访问学者，会把孩子带去上学。很多孩子去的时候可能一句英语都不会说，但是几周后，就可以在美国的小学里跟同学交流。一般来说，这些孩子半年之后可以跟英语母语的孩子顺畅沟通，一年之后发音和口语表达就会跟美国孩子没有太大区别。

举一个很真实的例子。我在加州大学伯克利分校的时候认识了一位访问学者，她的孩子大概六岁，去美国之前一句英语都不会讲。当时这位妈妈有点担心，因为孩子在国内没学过英语，来美国后直接就进入当地的小学。

一开始孩子确实有点紧张，也比较害羞，没法跟别人交流，也不敢交流。

后来，他们差不多待了两周之后，发生了一件事。当时国内流行玩溜溜球，这个孩子就把溜溜球带到美国去了。有一天老师跟大家说，"我们今天上课早一点结束，剩下来的时间让来自中国的小朋友给我们表演溜溜球好不好？"然后，老师就把他请上台去表演。这个孩子虽然不会英语，但是溜溜球玩得可溜了，就开始在台上展示他的溜溜球技术。那些美国小朋友没见过这个东西，在底下是看得又崇拜又羡慕又好奇，不停地欢呼。这个孩子就特别开心、特别自信，整个人就打开了。

之后没多久，这个孩子就可以跟美国同学用英语对话。我见到他妈妈的时候，这个孩子在美国也就待了不超过两个月，已经完全可以无障碍地用英语交流了。

这个例子告诉我们两件事情。第一，只要给孩子语言环境，他们就可以很快学会英语，不费吹灰之力。用克拉申的话说，就是"pick up a language"，英语就在地上摆着，孩子直接捡起来就行了，就这么简单。第二，在整个语言习得过程中，心理机制是非常重要的。如果一个人紧张焦虑、不自信，心理状态不好，他的习得效果会受到影响。因为"溜溜球事件"，孩子的自信心一下子得到增长，语言习得效率大大提高，所以效果非常好。

既然孩子可以在英语环境中自然地达到母语水平，那对于不能出国的孩子，我们需要做的就是尽量模拟这样的环境。核心就是创造大量的可理解性输入的机会，尤其是给孩子海量地听有趣的英文材料。

只要把孩子浸泡在纯正有趣的英文材料中，习得英语的过程就可以自然而然地发生。单词、语法、发音、口语问题全都会迎刃而解，这是大脑的机制决定的。后面我们会具体地说明操作方法。

同时，大量科学研究表明，双语和多语的环境并不会影响孩子的语言发育。人类是有能力同时习得一种以上的语言的。

世界上很多国家的人天生就是双语的，因为他们的生活环境就是双语环境。远的不说，中国的很多孩子也是双语孩子，比如，有的孩子从小就接触普通话和方言。尤其是很多南方方言，例如粤语、客家话、闽南话等，跟普通话相差很大。说这些方言的人能够同时掌握方言和普通话，其实就是接近双语的状态。少数民族的孩子，也有一些是从小同时接触少数民族语言和汉语的。如果是跨国婚姻，父母来自两个不同的国家，他们的孩子也会有天然的双语环境，能够说两种语言。

我有个美国朋友，他们住在南京，家里请的阿姨是南京人，他的孩子就可以说非常流利的南京话，当时还上了电视。也有家长举过例子，回了老家之后，孩子知道跟老人说方言，跟父母说普通话。

孩子学语言的天赋非常高，可以同时习得一种以上的语言。让孩子成为一个英汉双语孩子其实是非常简单的。一般来说，几种语言不会互相干扰。在年龄很小的时候，孩子可能会分不清是哪一种语言，但他们也能很快学会并且清晰分辨，不需要家长担心。

打造双语孩子，是一个既现实、也值得追求的目标。 双语对儿童的智力开发是有很大帮助的。大量研究表明，会一种以上语言的孩子，大脑发育会更好，智力测验得分更高。所以，如果能把孩子培养成双语儿童，不仅让他们多了一门语言，而且可以帮助他们开发智力，这是有百利而无一害的，会给孩子带来全面的优势。

总而言之，孩子学语言是一件特别简单的事情。而家长给孩子创造条件，让孩子的英语达到接近母语的水平，其实也是一件很简单的事情。

A C B D

疑问解答

❓ 我看有的博主也在说克拉申,但他们好像说要习得和学习应该并重?

▶▶ 大家要注意,克拉申的理论说得是非常绝对的,不是说一些"习得"加上一些"学习",而是只有"习得"才能提升语言能力,一切显性的"学习",一切背单词、学语法、做习题等学习的方法,都对孩子的语言能力没有任何帮助。

我们在这里说的,并不是什么小众的、偏门的、极端的概念,而是非常主流的理论,只是因为这跟大家这么多年来接触的现实差距比较大,所以接受起来会需要一些时间。就像你去跟古代的人讲,地不是平的,是圆的,他们理解起来需要一些时间一样。但是我们得相信科学。

很多老师、机构、博主等也会提到克拉申,提到可理解性输入,但是他们往往还是半信半疑,觉得要结合传统的背单词、做习题的方法。这其实是自相矛盾的,既然相信了、认同了克拉申的理论,就意味着所有这些"学习"是无效的、不科学的,那为什么还让孩子两件事都做？这样不如不要声称自己认同他的理论。要是认同克拉申的理论，就好好去看他是怎么说的，而不要一半克拉申理论，再掺一半跟他完全相反的理论。

❓ 孩子做语法题，有时会丢掉第三人称单数的 s，容易丢分，是什么原因？有没有什么好的解决方法？

▶▶ 克拉申的"自然顺序假说"认为，人习得语言有一个"自然顺序"（Natural Order），即无论先学什么后学什么，大脑实际掌握语言的顺序是一定的，这是一种大脑机制，是无法改变的。大脑习得的顺序跟教科书中知识点的顺序往往不一样。比如，即使先学第三人称单数，后学过去时，大脑还是会先掌握过去时，后掌握第三人称单数。

根据自然习得的顺序理论，英语国家的孩子几乎也是最晚才能掌握第三人称单数加 s 这个语法点的。虽然这个语法点学得最早，但是很多过了专业八级的人也会错。所以，这是语言提高到一定水平的时候才能自动解决的，不然讲得再多，孩子也不会。

家长分享

▶▶ 用顾悦老师提倡的可理解性输入方法已经三年多时间了,我和儿子都越来越享受英语的学习。英语不再是一项任务,而只是一个认识世界的工具。真的很幸运在几年前偶尔刷到顾老师的讲座音频。

前两年我儿子刚上二年级的时候,才开始看简单的动画片,现在 BBC 自然地理系列的纪录片他已经能看懂一大半了。

我们最大的收获不是学到什么程度了,而是爱上了英语。现在,儿子每天不听一会儿英文音频都睡不着觉。

谢谢分享。

▶▶ 我儿子幼儿园期间有段时间很喜欢《托马斯小火车》,也喜欢那首英文主题曲。某天我播放了半天音频,他听着听着就会唱了。

对,就是这个道理。

▶▶ 我家孩子小时候一直都是我带的,两岁多第一次回老家。刚开始回去的时候老家话他听不太懂,几乎不怎么和人交流。过了一段时间,我发现他和我说话是用普通话,和姥姥说话会用相对应的老家话。

对,这就是他学另外一种语言的过程。如果给他输入的是英语,他也一样能够用英语进行交流,就是这么简单。

▶▶ 孩子六岁，喜欢有节奏韵律的句子，还自己把《驯龙高手》的主题曲改编成 hip-hop 的节奏念出来。

太棒了，让他多听英语就行了。

▶▶ 孩子五岁，一直在启蒙，最近发现他的听音辨音能力很强。那天孩子问我 chrysalis 是什么意思，这个词是他自己在听还没看过的绘本的音频时听出来的，发音也很标准。

这个单词很多英语专业的人可能都不认识。小孩子真的都是语言学习的天才。

▶▶ 孩子九岁，每天坚持听英语，坚持听了 200 多天，375 个小时。现在做听力测试练习一类的东西，他就觉得特别简单，每次听的时候都说能不能快点说。

非常棒。正确的方法是最快的方法。

▶▶ 突然想起上上周发生的一件小事。当时孩子正在听小说，他爸爸偶然听到其中一个单词时，问他那个单词是天鹅（swan）吗？小孩说不是，是沼泽（swamp）。这两个词发音很相似，我当时用词典 App 查出来边看边仔细听，还是很难分辨。小孩听音辨音的能力真是让我叹为观止！

是的。

▷▷ 我儿子两岁还没开口说话，当时我妈妈很着急，以为他听力有问题。等到他两岁多一点时，一下子就会背《三字经》了，当时一周三次听音频，他就能够轻松流利地背诵，脱口而出。现在孩子五岁多，今天跟他读了一本绘本，发现他已经有了理解能力。

对，孩子就是有这样的能力。

▷▷ 我在老大四年级时听到了顾老师的讲座，开始给他输入英文动画片。那时弟弟中班，跟着他一起看，我完全没有在意弟弟是否能看懂。三年后，一年级的弟弟要求上跟哥哥一样的英语课。第一次课他开口说了 45 分钟，这是我第一次真正看到大量输入的结果是如此地道、自然的表达。哥俩坐车在路上一般都是听英文故事或者经典童书，也会自己在 B 站找喜欢的英文纪录片看，题材很广泛，建筑、工业、旅行、综艺、家庭轻喜剧等都有。

现在，孩子们的听说已经是母语水平，可以完整表述观点、讨论问题。哥哥写作、阅读都很好，中考接近满分，很轻松。弟弟五年级，可以自主阅读原版书，也开始写作了。他们的学习之路是完全符合自然习得理论的。

非常棒的分享！

第二章

错误的方法，
阻碍了孩子英语的起飞

既然每个孩子都是学语言的天才,那么为什么很多孩子认真地学了那么多年英语,效果却并不好?是什么阻碍了他们的英语学习呢?

这并非是因为家长和孩子不努力,而是因为许多人完全在朝着错误的方向努力。错误的方向主要包括两点:错误的方法和错误的心态。

最核心的错误方法,就是用"学习"代替了"习得"。背单词、学语法、纠错、做题目、讲题目及一些人很提倡的自然拼读,这些传统的英语学习的习惯路径,都是"学习",不是"自然习得",不是科学的提升英语水平的方法。因此,不要用任何错误的方法耽误孩子的自然习得。

此外,在自然习得过程中,一定要保持轻松愉快的心态。孩子对有趣的英语材料都是会感兴趣的,而家长的焦虑会影响孩子的学习状态。所以家长一定要记住,孩子才是语言习得的专家。在语言习得上,孩子都像是鸟,天生有翅膀。家长一定要明白什么才是正确的方法,不要瞎操心,不要陷入焦虑状态。

一、一定不要背单词

很多父母老师都觉得,单词是学英语的基础,孩子背了很多单词,英语就好了。不少人一说到英语就想到背单词,把英语学习跟背单词完全画上了等号。

有些人特别热衷于背单词,因为背单词确实容易让人产生一种成就感，使人感觉似乎在付出很大的努力。这可以说是对强力记忆的一种执念。

看一本书，你可以知道书中的内容；看一部剧，你可以知道剧情。而背单词，就算背了十本单词书，你的信息获取量还是非常少，这会把原本非常生动有趣的语言学习变得既无聊又低效。

很多针对考试的强化培训班，采用的方式就是把孩子们关到一个房间里，每天背多少单词，背不完不能出来。许多网上介绍的英语学习方法，往往也是每天要背多少个单词并打卡，非常伤害人的积极性。

实际上，单词只是语言学习中很小的一部分，而拼写又只是单词中很小的一部分。最关键的是，背单词是反科学的、无效的学习方法，既不能有效提升词汇量，又严重影响语言习得，是必须首先摒弃的。

背单词是一种极其枯燥、极其痛苦，而且极其难坚持的行为。很多人的单词书都是前几页"A"的部分翻得旧旧的，然而往后再翻几个字母，就是崭新的了。一个个独立的单词放在一起根本就没有任何意义，想要记住几乎是不可能的。如果你拿起一大串单词背，你的大脑就会感到非常困惑，因为它没法吸收任何有意义的信息。很多人认为背单词很有用，觉得多背一个就多收获一分，假如一下背了十个，好像就得到了一点东西。其实背单词效率并不高，因为记住的单词很难真正掌握，并没有成为自己的语言。大多数背单词的人就算死记硬背记住了，也是转头就忘。背过单词的人都知道，一个词跟下一个词之间没有任何关系，没有规律，背下来也很难记得，遗忘率非常高。

背英语单词和背电话号码本质上没有区别。一个人如果每天拿一本电话号码簿背，最终能背出那本电话号码簿吗？就是背下来了，第二天又能记得几个呢？背单词就像运动员吃兴奋剂一样，不是一种提升自身能力的方式。药力消除以后，一切就又会回到平时状态。

真正掌握单词需要结合语境，仅背诵单词的中文意思往往只能停留在表面，实际应用时却不知如何下手。若一味依赖背诵中文意思来记单词，即便勉强记住，在表达英语时还是很容易陷入中式思维。

背单词的习惯其实是当年那些"宝书"培养出来的，是词汇量捉襟见肘的人在短期内临时抱佛脚的方式，是一种特殊时期的特殊学习方式。即使把"宝书"倒背如流，很可能也还是难以自如地用英语进行书写或交流。这些年，我就没有见过一个仅靠背单词就能把英语学好的人。

绝大多数人的英语问题并不在单词上。靠背单词来学英语的人，极有可能不具备用英文中最基本的五百个单词进行地道英文表达的能力。绝大多数人的英语水平并不卡在单词量上，而是被单词消耗了学英语的精力和信心，限制了学习方法，好比一个人走路的时候一直关注心跳，反而会不自觉地停下脚步。

此外，大多数号称"科学"的背单词方法都是浪费时间并且无效的，因为背单词本身就是非常不科学的。无论是通过"词根词缀法"还是"联想法"背单词，其实都不能解决问题。词根词缀法的目的是帮助你猜测不认识的单词的意思，而不是用来背单词的。联想法、谐音法通过编一些非常低俗、莫名其妙的故事来记单词，就更是荒谬了，让我们偏离了英语学习的正确轨道。

一般来说，一个以英语为母语的人的词汇量大约是几万。但是这个词汇量并不是通过背单词获得的，而是在多年的输入中学会的。此外，英语中最难的部分就是固定搭配，因为固定搭配可能有几百万个，背一辈子都背不完，只能靠多听、多看的方法掌握。

只有大量地听、大量地阅读英文材料进行输入，才是唯一的正道。单词是可以在输入的过程中顺便学会的。输入过程中重复出现的词才能真正掌握。单词要多见面，一般多见几次就熟悉了。想让孩子记住一个单词，反复地听和阅读包含这个单词的材料，孩子就会自动掌握，而且可以真正内化成自己的真实词汇量，掌握单词的实际用法和细微含义。

此外，孩子往往可以猜出材料中的生词的意思，也可以通过上下文理解。我经常打一个比方，日常上网的时候我们经常会遇到各种各样的网络用语。现在几乎每周都有新的网络用语，我们看多了自然就掌握了，不必每次出现一个还要查或专门背。

在孩子学英语的过程中，请大家完全忘掉"单词"两个字。因为一旦过度关注单词，很快就会被带到"学习"这条传统的、错误的道路上。任何时候、任何情况都不要让孩子背单词，这是基本的底线。

背单词既枯燥，效率又低，无法坚持，实际上也不提高英语水平。背单词的后果，就是孩子的英语学习走上弯路，语言本能被阻碍，水平无法提升，兴趣全无。

所以，学英语的过程中请忘掉单词。单词量的真正增长是阅读和听英语的结果。输入多了，单词的问题就自然解决了。

二、语法不是靠学的

语法非常重要，但是语法不是靠学语法规则、做语法题就能够学会的。

克拉申在中学学了两年法语，什么都没学会。两年结束的时候，老师说，我可以给你及格，但是你以后千万别学法语了，免得别人知道你是我教出来的。克拉申学不会法语，是因为他中学的法语课全都在讲语法。克拉申后来去欧洲学音乐的时候，反而不知不觉学会了德语，因为他有很多输入德语的机会。正是这些经历，让他对人是如何学语言的产生了兴趣。克拉申用自己的经历告诉大家，学语法是没有用的。

乔姆斯基也反复说，孩子天生就可以习得、内化特别复杂的语法。孩子的大脑有处理语法的功能，接收到别人说的话，就会自动消化，自动内化语法规则，并且在表达时遵循这些语法规则，尽管他们从来没有学过语法知识，也完全不懂这些语法规则。

在这个自然习得语言的过程中，孩子根本不必、也没法搞懂复杂的语法概念。尤其是年龄比较小的孩子，学诸如"非限定性定语从句""过去将来时"这些抽象的语法术语，比起将英语掌握到接近母语水平的程度要难多了。让孩子们去学语法，完全是和自然规律对着干。

靠着语言本能，孩子完全可以非常好地掌握这些东西。语法规律都是后人总结出来的，母语者根本不需要知道这些规律，他们本能地就知道正确的用法。

比如，我们说汉语，都知道是一匹马、一条鱼、一头牛、一只鸡。为什么不是一头鱼、一匹鸡？大部分人不知道其原因。虽然我们也能解释清楚，但要花大量的功夫去记忆知识，可能还会记错。对中国人来说，这些就是本能。我们本能地就会用对这些组合，因为我们是"自然习得"汉语的，所以自然地就会说得很准确。

大多数语言的语法都是很晚才被学者总结出来的。比如汉语语法，是快到 20 世纪才成形的。过去这么多年，人类是如何在没有语法的情况下学会语言的？可见语法能力是先于语法知识的，语法能力会在长期接触、使用某种语言的过程中自然获得。

语法不是不重要，但是学习语法规则对提高语法能力帮助很小。中国人的英语语法知识已经学得够多了，但是很少有人在写英文句子时能够不犯语法错误。

语法知识并不能帮助你掌握语言，就像学习生理学并不会让心脏跳动。和其他有意识的语言学习（比如背单词）一样，学习语法规律对提高英语水平帮助不大。

我们偶尔进行的语法学习，可以复习已经掌握的英语，查漏补缺，是对自己语言经验的总结，起到检查错误的作用，但语法学习本身并不提升英语水平。进行了大量输入之后，脑中已经有大量的英文句子了，这个时候我们再进行反思性的语法学习，可以把已有的英语整理一下。但英语输入量少的时候强行学语法，是没有用的。

克拉申提出了他的"监控假说"（The Monitor Hypothesis）——通过有意识地学习获得的语言知识，仅仅可以起到监控作用，也就是回过头检查一下自己的英语有没有可能出错。

很多人都纠结语法，听了克拉申的二语习得理论之后，觉得他不够重视语法。其实克拉申本人是语法专家出身，博士阶段研究的就是语法。所以，要说对语法的熟悉程度、重视程度以及语法水平，没有人比他这样的语法研究专家更高。但是克拉申会非常清晰地告诉你，语法学习不是英语学习的必要部分，因为语言本质上是感性的、潜意识的，而语法是理性的、意识层面上的。

靠学语法来提高英语，就算能记住所有的规则和知识，使用的时候还要有足够的时间调取脑中的存储，慢慢去想一句话要怎么说，无法做到真正用语言交流。

人们在说英语和写英语之前，是不可能思考语法规则的。我们如果每次说英语的时候需要先想一下用什么单词，单数还是复数，用什么时态，被动语态还是主动语态，第三人称单数后面的动词要不要加 s，可能得思考个半分钟，才能蹦出几个词。这样想完之后再说，对话就很难进行了。要是一个人在读英文和写英文时分析语法结构，得反复研究许多遍，肯定是不符合日常语言运用和阅读的需要的。一旦说或者写得快了，我们之前学过的语法知识就会完全无效。这也是为什么学了语法规则之后，即便在考试中做语法选择题时可能会做对，后面的作文和翻译仍然会有很多语法错误。

大量听力和阅读输入之后，语法自然会变得很好。很多孩子经过大量地听和阅读英文材料之后，做语法题的正确率非常高，看到题目就知道答案，根本不用去想那些规则。

三、做题、讲题不提高分数

英语学习中，做题有百害而无一利。**做题不仅伤害孩子对英语的兴趣，而且也并不能有效提高孩子的考试成绩。**

做题是学数学的常用方法。把学数学的方法代入英语，就是一场灾难。英语跟数学是两种性质完全不一样的学科。各种各样的题型都只是检验英语水平的方法。研究尺子提高不了身高，多吃饭、多运动才能提高身高；跑步可以降低血脂，而每天往自己身上扎针练习抽血不能降低血脂。同样，每天做习题也无法提高英语水平。

且不说整个无聊的做题过程会影响孩子对英语的兴趣，更重要的是，做题永远无法让孩子输入完整的英语，而是一直在让他们看支离破碎的英语，无法帮助孩子形成语感。做题、讲题这类方法会严重干扰孩子的语言本能，不仅不能提高英语水平，甚至还会降低英语水平。

我认识的很多在美国待过一年、英语特别好的孩子，回国几个月甚至几周后就普遍被国内考试、做习题的方法强扭得不会说英语了，也不会阅读了，只记了一些支离破碎的考试技巧，最后完全丢失了英语能力。

举一个极端的例子。我认识一个老师，他的孩子在美国待了好几年，几乎不会说中文，母语就是英语。结果回来上国内的英语课没多久，就已经不会说英语了。甚至英语是母语的孩子，放到这样的一套教育体系里，都可能丢掉他们的母语，那一般的孩子怎么可能用这样的方法提高英语水平呢？这样的现象是非常值得大家警醒的。

我毕业于南京外国语学校，我接受的外语教育相对比较科学，整个中学六年只需要做非常少量的题。但即使只在做题中花掉过很少的一点时间，我现在依然非常后悔。回想起来，所有这些做题的过程，都没有对我的英语能力起到什么帮助。

做选择题尤其会伤害孩子的英语水平，因为做选择题时，孩子3/4的时间输入的都是错误答案。他们每次把下一个选项代入题干读一遍的过程，都是在脑中强化一遍错误的英语。所以选择题做得越多，英语水平会越差。

如果必须做选择题，抄答案是相对好一点的解决方案。抄完答案之后带进题干读一下，孩子读的至少都是对的句子。

顺便说一下，在孩子学英语的过程中，不要去纠正孩子的错误，因为纠正是没用的。孩子学母语时一般就不会被大量纠错，但还是很好地学会了语言。

克拉申反复提到，很多学者的研究文献也证明，无论是写作还是口语，老师纠正学生的错误，对学生的英语水平没有任何帮助。甚至有文献提到，在一些情况下，越纠正错误，孩子越会反复犯错，因为每纠正一次，他们就会加深错误的印象，这类似为什么选择题做得越多，英语越差的原理。做选择题就是不停地给孩子输入错误的选项，纠正错误也是不停地让孩子把精力放在错误上。

前面说过，语言靠的不是知识层面上的"学习"，纠正显性知识的错误是解决不了问题的，反而会影响孩子习得语言的状态，打击孩子的自信，让他们的心情变差。所以孩子出现任何说、写英语的错误时，都完全不要在意，因为可理解性输入不仅能解决语言流利度问题，也可以解决语言准确度问题。只要孩子有足够的输入，无论是语法错误、发音错误还是单词错误，都会自动改正，而家长和老师强制去拧是拧不过来的。

老师跟孩子讲解题目，是把孩子的大脑进一步搞混乱的过程。且不说孩子这么小的年龄还没法处理这么复杂的信息，即使是成年人，也不能通过讲题目提高英语水平，因为语言不是理性的，是不可能当作知识来学的。

一切做题、讲题，都是语言学习的天然敌人，完全破坏了语言的美好感觉。语言是人类的生物本能；吸收有趣的信息、欣赏有意思的作品也是人类的本能。很多时候，我们在英语课、培训班、练习册和教材、考卷上学到的英语根本就不是有内容、有意义的英语。

孩子如果没有看过有意思的英文影片、书籍，没有听过有意思的英文故事，那么，这门语言会跟他毫无关系，他也不会把英语当作一门语言，而是被迫要学的一门奇怪又复杂的学科。这样的英语是没有活力的，和孩子认识世界的方式也无关。把这么美好的、原本充满快乐的事情搞得如此痛苦，简直是一种犯罪。

四、避免跟读、朗读

不要让孩子跟读，也不要强迫孩子朗读。

"读"这个字在汉语中有两个意思：一个意思是指阅读，看书；还有一个意思是朗读，大声念出来。朗读，也就是所谓的"书声琅琅"，比较符合大家心目中认真学习的形象，是中国人自古以来的一种情怀，看起来很刻苦，但对英语学习没有什么好处。

传统私塾要求孩子大声朗读，很大程度上是因为需要用这个方法来监督孩子，所以朗读其实是读给大人听的。我们都听说过一个说法，叫"小和尚念经，有口无心"。很多时候大声朗读都没有入脑子，很可能只是在机械地开口，根本没有关注到读的内容。

遗憾的是，很多人还是认为，想练口语、练发音，就要每天大声读。很多老师会号召大家一遍遍读课文，很多家长也希望孩子大声朗读。

强迫孩子朗读，或者让他们一定要指着一个个词读，对提高英语水平几乎没有作用，甚至还有副作用。这么做，第一，会破坏孩子很自然的阅读习惯，降低阅读速度；第二，过早开口，大量听自己的声音，会强化不标准的英语发音。

克拉申反复提到，朗读本身是输出，而非输入。朗读会强化错误的发音和错误的语言习惯。一个人的发音本来就有问题，重复得越多，就越定型，耳朵里一直在重复自己的发音，就永远是中式发音。

很多英语学习的 App 都会有让孩子跟读的功能。记住，没必要做这样的事情。听一句，跟着读一句，相当于听一遍标准英语，再听一遍自己读的不标准的英语。在还没有听清楚正确发音的时候立即读，只能用自己习惯的中文发音甚至方言发音很拙劣地模仿，容易巩固自己的错误发音习惯。

多数时候，无论是逼孩子说英语，还是逼孩子朗读、跟读，都是为了缓解家长自己的焦虑情绪，这样会阻碍孩子的语言发展。

五、自然拼读不用学

这些年，自然拼读在国内也开始流行起来。自然拼读像是很科学的教育理念，也非常适合商业推广，所以给大家一种非学不可的错觉。

其实，自然拼读不是给外国人学英语用的，是给以英语为母语的孩子学认字用的，前提是孩子已经能够说流利的英语。这个前提如果不存在，自然拼读就是完全不适用的。

即使是给本国孩子认字，自然拼读也不是一个必须经历的过程。美国有研究曾经发现，一些学校使用自然拼读之后，学生的阅读水平并没有提高。所以自然拼读并不是必须学的。我甚至认为，自然拼读的枯燥性和使用的局限性使它很大程度上成为语言习得的阻碍。不要把孩子大好的语言敏感期耽误在学习自然拼读上。

自然拼读是一种学习发音规则的方法。然而，英语中大量的单词并不符合发音规则。所以，自然拼读反而会让孩子很困惑，头脑混乱。

对孩子来说，自然拼读不用学。

大家一定要记住，语言是靠自然习得，不是靠"学习"的。所以，克拉申反复强调他反对自然拼读。我专门当面问过他关于自然拼读的问题，他说，只需要学会26个字母就行，剩下的通过阅读就可以解决。

有人会很担心拼写问题，这种担心是因为受汉字的影响，总觉得认字、写字特别重要。实际上，汉字是表意文字，所以有专门识字的过程。而英文是一种拼音文字，它的文字基本上就是把声音记录下来。一个人即使会说汉语，也可能完全不认识汉字，而对于英语来说，只要你稍微认得一点字母，认识英文单词就是很简单的。所以，拼写并不是一个特别大的问题，不要用学汉语的方法学英文。拼写的终极解决方法就是阅读。

六、测试、指标、教材

这里，我要强调一句话：**非必要不考试**。

不要不停地让孩子进行各种各样的词汇量测试、水平测试，或是类似 KET、PET、剑桥、小托福、AR 值测试、蓝思值测试等考试。除非是升学必备，否则这些考试的作用主要是为了缓解家长的焦虑。但是家长越做这样的事，就越会给孩子增加焦虑，影响他们语言学习的心理状态。同时，这些东西很容易把孩子又拉到应试教育的道路上来，损害自然习得的过程。

很多家长和学校热衷于各种奇奇怪怪的英语考试，恨不得孩子还没上小学就让他去参加考试，进了小学之后每年不让孩子考个试，心里就不踏实。

不要觉得考试多了，考分就能高。有个大家都熟悉的比喻：蒸馒头不停掀盖子，越掀馒头越蒸不熟。只要火点着了，馒头一定是在蒸的。等时间到了，直接关了火，掀开来的就是一锅熟馒头，就是这么简单。如果为了考试考高分，而频繁掀盖子，馒头就越是蒸不熟。

很多家长和老师喜欢让孩子不停地做题。但假如没有有效输入，孩子不会的题目还是不会，到最后馒头永远蒸不熟，孩子的分数没有提高，还痛苦。家长和老师不要想当然地认为，多做题、多考试就能考好。**想要考试轻松的方法，就是平时不要去管考试，专注于**

好好提升水平，这样到了考试时就会笑出声来。和真实语料相比，考试和课内英语实在是太简单了。

同时，年龄小的孩子分数不够高，不一定是英语水平的问题，有可能是认知水平还没有达到考试要求的地步，同样的内容用中文给他们考，他们也考不出好分数。

如果孩子确实有兴趣，一些英语的口语、演讲、辩论比赛，可以参加一下，但不要因此有压力，只把这种比赛当作孩子锻炼自己的表现力、对英语产生更大兴趣的方式。类似的，和外国人接触，出国参加一些短期项目，或者其他应用英语的机会，对孩子的英语也都是有促进作用的。这些活动的作用并不在于真的提高英语水平，而在于让孩子觉得自己是用得上英语的，英语是跟自己有关的。

再来说说教材。我也不认为孩子一定要学教材。

很多家长问，是要学 *Wonders*、*Unlock*，还是 *Reading Explorer*，是学 *English in Mind* 还是《新概念英语》，或者什么其他教材。

我只想说，只要开始"学习"了，就不对了。

教材不是必需的。真实语料的效果肯定比教材更好。孩子如果能够一头扎进原版书籍、影片、音频、视频的海洋里，就没有必要学教材。

但是假如孩子年龄稍微大一些，基础又偏弱，任何原版书都看不懂，想要从头开始学起，这时候，可以把教材当作初级的语料使用。教材的语言相对简单，起点较低，如果反复、大量地去听教材的录音，同时结合着看一下教材的文本，也是一种很好的可理解性输入方法。

可以给孩子买一套教材，把教材的录音当作输入的材料放给他听，没事的时候就让孩子把教材翻着看，也不必一课一课认真学习。

有人会推荐 Side by Side，这个教材确实编写得挺好，但也不必拘泥于此。市面上教材非常多，但家长还是以孩子的兴趣为准。只要是英语国家编写的、孩子觉得好玩的教材都可以。最关键的是，无论用什么教材，用法都应当是像听故事、读故事一样，孩子要去反复地、大量地听、看教材的内容。

有些教材过于老旧，编写的时代离现在已经几十年了，里面的英语说法有点过时。但是大多数新一点的英语国家的教材都可以用。有些教材，比如《走遍美国》《空中英语教室》，本身就是编成美剧的形式，趣味性比较强，大一点的孩子可以选用。

再来说说《新概念英语》。我见到一个家长，她的孩子年龄已经挺大了，但英语水平还不是很好；学《新概念英语》很多年，效果不显著。其实，这不是这本书的问题，是学习方法的问题。

《新概念英语》是非常有意思的英国冷笑话集，把《新概念英语》当英文笑话书去看，把其中的课文录音当有趣的英文材料去听，都是非常好的。

但是在我们身边，绝大多数的老师和机构教《新概念英语》就是讲单词、课文，学语法，做习题。这些都是又无趣、又低效的语言学习方法。况且，《新概念英语》毕竟不是针对孩子的教材，所以年龄小的孩子有可能会觉得无聊。现在各种资源如此丰富的情况下，不一定要抓住它不放。

大家只要记住一点：不要让孩子去做教材上的习题，而是把教材当作一种输入材料，就没问题。一旦把教材当作背单词、学语法、做习题的材料，就会毁了孩子的英语学习体验。可理解性输入是学好英语唯一的方法。做任何练习题，背任何单词，都无法达到可理解性输入的效果。

七、专注习得，远离各种错误方法

我曾经用过几句话，来总结英语学习的核心方法：**英语不是学出来的，单词不是背出来的，口语不是练出来的，发音不是纠出来的，英语好不是上课上出来的。不要整天考虑要精读还是泛读，最重要的是要多读；不要整天想该精听还是泛听，最重要的是多听。**这几句话，大家可以大致体会一下。

忘掉一切单词讲解、语法讲解、句子讲解。不要讲解，也不要强迫孩子记多少用法、多少表达。一些老师会讲很多听起来很花哨的知识点，让人觉得似乎学到了很多知识。但是这些讲解实际上破坏了孩子的本能，把孩子对语言本来水到渠成的吸收变得乏味而且无效。

就和学走路一样，一个人如果被要求先弄懂自己每块肌肉、每块骨骼、每个关节的动作，被强迫研究左腿怎么迈、右腿怎么迈，他可能就已经忘了自己该怎么走了。再比如，你会发现，关注自己的心跳时，心脏就会开始不受控制，越发怦怦直跳。人试图用意识接管潜意识能处理得很好的东西时，就会产生这种混乱现象。所以，最好的方式还是关注内容本身，享受输入内容的过程，而不要太在意学的语言本身。

很多家长会很紧张：孩子的词汇怎么办？语法怎么办？其实只要给孩子有意思的材料，他们会自动地长出英文能力，不需要去进行任何非常复杂的、严密的、系统的学习。

大家可以回忆一下，小婴儿是怎么学汉语的。小婴儿会背单词吗？不会。会做习题吗？不会。会学语法吗？不会。小婴儿跟读吗？婴儿是不会一句一句去跟读的；他们往往是听了几个月，一年甚至更长时间之后，才开始蹦出一个个的词。大多数婴儿第一年只会哭，或者发出一两个非常简单的声音，不会说话。小婴儿唯一做的事情就是躺在一个有声音的环境中。小宝宝学语言会很痛苦吗？有没有被逼着学？没有。整个过程累不累？不累。学得好不好？非常棒，在几年的时间内就从零基础迅速掌握了流利地说一门语言的能力，而他们经历的只是一个自然而然的吸收过程。

只要不走偏，不受干扰，让孩子的英语通过自然习得达到接近母语的水平，是一件极其容易的事情。一定要充分尊重孩子自然习得的节奏，千万不要用某个固定的时间节点强行框住他们。

孩子能学会语言，是自然习得的过程，不是因为好好学习，这是一切的基础。这点没搞对，方法就完全错了。所以做题目、背单词、学知识，枯燥的课程、教材、讲解、练习，一切看上去努力"学习"的事情对语言发展都是完全没有必要的，也是完全无效的。语言是本能，学语言时需要克服困难，那说明使用的方法不对。

英语学习最核心的一点是，**只有可理解性输入才能够提高英语水平，其他如背单词、学语法、做习题、练口语等方法，都完全不提高英语水平，都是纯粹的浪费时间**。所有意识层面、知识层面的学习，都不提高语言水平，因为这不是小宝宝学语言的方法。在引导孩子习得英语的过程中一定要抵抗这些干扰。

语言习得是一个无意识的过程，人不一定能明确感觉到自己学到了知识。很多人沉迷的学习方法，会让人产生所谓的"获得感"，比如一天背了很多个单词。这种获得感往往仅在意识层面上让自己觉得学了很多知识，但这种意识层面上的学习，对应的不是大脑的语言分区，也并不会提高语言水平。语言水平的真正提升是下意识的。

有意识地学习语言，相当于把语言知识点存储在大脑中的错误位置，不是平时说话的位置，而是学知识的位置。所以，把英语从知识点变成本能，让英语进入潜意识，是孩子掌握英语非常重要的一步。

如果英语停留在意识层面上，那么说英语之前，就会把要说的每一句话都先思考一下，读英语和听英语时也都会在头脑中反应很久，这就导致即使学得再认真，也永远和地道的语言有一层隔阂。比如，老外跟你说一句话，你需要在一秒之内做出反应。在那一秒里，你学的所有语法、单词、搭配，一般来说都会忘记，只有语言本能是有用的。如果靠语法知识记住英语，是没法跟人对话的。

用克拉申的话说，人类的"语言习得装置"就跟心脏、肝脏一样自然而然地运作，不需要控制，想停都停不下来。所以，我们要引导孩子通过兴趣回归语言本能。

归根结底，一定要紧盯语言习得，摒弃一切跟"学习"有关的东西。我们都听说过南辕北辙这个故事。往南走再远也到不了北方，因为方向是反的。试图用"学习"的方式掌握语言，就是南辕北辙。

语言习得是一个自然而然的、轻松快乐的过程，任何不舒适、不快乐都是不自然的。一旦孩子，尤其是语言敏感期的孩子，把可以用于语言习得的宝贵时间全都用于刷题、背单词、上培训班等家长最爱让孩子做的事情，他们的语言潜能就会被毁掉。

有的家长会觉得，轻松愉快的学习方式好像不扎实，整天做题、背单词才扎实。首先，"扎实"本身就是一种"迷思"，对所谓扎实、吃苦的执念本来就是一种不健康的学习态度。其次，把英语当作知识来学，没有调动大脑的语言本能，学完之后会迅速遗忘，根本没有正确地学进脑子，所以反而是最不扎实的、最肤浅的一种方法。

当然，在自然习得的过程中，有少量的知识不一定能立刻掌握，例如一些相对容易弄错的拼写。就像汉语中一些比较难写的字，大家许多年来可能都写错了。比如"冒"字上半部分是闭口还是不闭口，大多数人就很难分清。克拉申举的例子是 commitment，这个单词到底是一个 t 还是两个 t，很容易混淆。他把这样比较偏僻的、不规则的难词叫作"拼写恶魔"。这些罕见现象不是一门语言的主流,也不是语言学习中需要解决的主要问题。要是把所有心思都放在极少数很偏、很怪的知识点上,就会陷入像孔乙己沉迷"茴"字的四种写法一样的误区,最终不能提升语言水平。

一开始,孩子的拼写可能会出一些错,这是非常正常的现象。尤其是听力先行的孩子,可能会自己根据发音拼出英文单词,拼出来可能是错的。因为英语的发展相对比较复杂,经常会有些不规律的、不符合发音规则的单词拼写。出现这种情况其实是非常好的,因为母语为英语的孩子也会有这样的一个阶段。这种时候,家长应该感到高兴,因为这说明孩子走上了一条接近英语为母语的道路,只要假以时日,问题都会解决的。

八、孩子学英语的两种境界

有人会问,孩子究竟需不需要花那么多时间来学英语。其实,我们并不需要总是觉得孩子在"学"英语,他们只是在用英语输入有意义、有营养的材料。就好像读中文书并不代表你在学汉语,但是读书过程中你的汉语水平却在提升。在习得过程中,孩子所花的时间并不是在单纯地学语言本身,而是吸收大量的精神养分,英语能力的提升会是吸收养分之后的副产品。这么想,你就会觉得花多少时间都不嫌多。

用自然习得的方法,孩子不仅可以把英语当成母语,同时也吸收了大量非常有营养的儿童文学、儿童影视作品，学习了大量的百科知识，心灵又得到了非常好的滋养。这些是一生的财富，是背单词、刷题那种既枯燥又冰冷的经历完全无法相比的。

很多时候，家长的眼界决定了孩子能否走上正确的道路。如果家长眼界比较宽，接触的东西比较多，孩子就比较容易用自然习得的方式掌握英语，有机会欣赏大量真实的原版材料，发展相关的爱好。而家长如果视野狭窄，很容易让孩子陷入刷题、背单词和各种不科学的学习方式。前者孩子的英语水平是后者赶不上的，他们一开口说英语，气场就会完全不一样。其实，后者孩子学的往往是"假英语"，因为很多教材、练习册、考卷上的英语都是跟真实世界的英语脱节的。

所以大家可以思考一下，你的孩子到底是整天在接触有意思的内容，还是整天在接触各种教材、教辅、习题集。

一般来说，学英语有两种可能，一种是快乐的状态，另一种是痛苦的状态。

第一种人，你完全没觉得他们在费力学英语，但是他们脱口而出的英语就跟母语为英语的人一样。这样的人一般来说都是一头扎进了原版材料中。

而另外一种人一直在刷题，一直在搞单词，一直在纠结语法，一直在参加各种考试，最后无论是说的还是写的英语，甚至考出来的分数，都非常糟糕。这两种孩子的状态、路径是完全不一样的，他们的人生平台、视野、状态也是完全不一样的。

第二种人进了大学之后，往往发现自己口不能读，手不会写，也不知道英语怎么发音，完全没有真正的英语应用能力。这种情况是非常遗憾的，也是非常典型的遵循传统英语学习方法的结果。

很多时候，我们的英语教学还在用原始的"语法—翻译教学法"，用中文大量讲解英语语法，让孩子进行中英互译，讲单词、句型。这种把英语当作知识来学的教学法，是非常陈旧的、早已完全被二语习得摈弃了的方法，所以用这种"语法—翻译教学法"学英语的学生，英语学习效果常常很差。

不接触真正的英文材料，就不是在学英文。发达地区的学生的英语水平往往好于欠发达地区，一个重要原因就是发达地区的学生不仅坐拥良好师资，也有更多机会和时间接触各种海外的媒体、影音和书本材料，他们周边的氛围也鼓励他们多多接触这些资源。其实，在互联网时代，只要有网络，想找什么资源都能找到。究竟有没有用真实的英文材料来学习，更多的是观念、意识、视野的问题。

英文世界的儿童文学和影视非常发达，适合孩子的英文材料其实是大大多于中文的，会极大引起孩子的兴趣，在这个过程中，他们的心灵会被滋养，好奇心也会被满足。

任何认为孩子学英语就要吃苦的想法，都是完全违背人类的自然规律的。很多人会把学习形容得很苦，但这是不对的。认为学习就一定要头悬梁、锥刺股，其实是对学习的一种不尊重，是对学习这件很美好的事情的污名化。孔子都说"学而时习之，不亦说乎"。更何况，语言是人类的本能，根本不需要任何的痛苦、刻苦、辛苦，是一个全然快乐的过程。一痛苦，就很难成功。

在语言学习上，吃苦往往是没有好结果的。大多数英语学习过程很痛苦的人，真的学不好英语。一旦用了痛苦的英语学习方法，孩子就走上了一条错误的道路。

学语言本来应该是一个非常非常快乐的过程。大多数孩子学说话都是非常兴奋的，因为对他们来说，学习了一门语言，就多了一个和这个世界、和周围的人联结的方式。没法说话的时候他们就只能哭，这其实是很痛苦的，没法把自己的情感、自己的需要说出来。但是当他们可以说话了之后，有需求时他们就不需要哭了，就可以直接说话了。

孩子学英语也应该是一个轻松愉快的过程。学英语不仅可以让孩子多一条人生道路，也可以让他们的生活变得更加丰富多彩，做更多有意思的事情。英语文化是可以让青少年获得更多快乐、变得更加自信的。这种语言背后的文化熏陶，是以做习题为代表的传统英语教育完全办不到的。

孩子可以通过英语接触美好的人类精神财富，在各种媒介平台接触大量好的书籍、音乐、电影、动画片、游戏等，了解任何他们觉得有意思的、滋养心灵的内容。

可理解性输入，或者说自然习得英语，是一种当下就可以获得快乐、获得满足的方法，也是最科学的方法。让孩子用学母语的方法习得英语，就能够让他们以最轻松、最愉快、也最高效的方式掌握英语，结果也会最好。整个自然习得的过程会是一种非常难得的体验，家长和孩子都会发现：原来学英语是这么美好、这么有趣、这么轻松的一件事。

如果你希望孩子英语能力提升，千万不要整天跟孩子念叨"学英语"这件事。让孩子完全不觉得自己在学习，这才是良好的状态，千万不要把轻松美好的事情破坏了。

再次总结一下我的观点：**一定要回到人的本能上去，避免错误的学习方法**。孩子完全应该也可以得到更好的英语学习方法、更好的英语学习结果，走上英语习得的康庄大道，这样不仅会收获很好的分数，也会收获很好的未来和前途，收获美好、快乐的童年。

九、家长停止焦虑，孩子轻松习得

二语习得中，非常重要的变量是动机和态度，因为它们会影响整体的进步速度，也会影响学习者能够达到的语言水平。

克拉申提出了"情感过滤假说"（The Affective Filter Hypothesis），认为语言习得的效果根本上由心态决定，心情放松才能吸收语言。**一旦情感上处于焦虑的状态，学语言的效率会明显降低**。良好的语言习得状态中，学习者是比较放松的。足够放松，语言输入才能真的进到大脑对应语言的区域中。

提升语言水平有两个变量，第一个是输入量，也就是听的、看的英语材料有多少；第二个是听英语、看英语的时候是否焦虑，一旦焦虑了，就特别影响输入效果。所以先去除担心，这比具体的方法重要得多。

孩子学习语言的效果之所以比成年人好，很大程度上是因为，孩子相对不会有那么大的心理压力，头脑比较简单，想法比较单纯，不会像成年人那样有那么多的焦虑、纠结，不会总试图用理性分析语言。孩子很少被社会规训，也没有那么多想法，处在一种很天然的状态，语言习得的情感过滤程度会非常低，习得效果就会好很多。

为什么很少有婴儿学不会第一语言？也是因为，在学习第一语言的时候婴儿是没有压力的。

因此，在孩子习得语言的过程中，请家长不要瞎操心、瞎焦虑。**孩子学英语只有两个敌人，一个敌人是错误的方法，另一个敌人就是家长的焦虑**。这两个敌人足以把孩子的英语学习毁掉。

一颗种子，种下去之后浇水、施肥，自然就会开始生长，这种生长是不可阻挡、潜移默化的。语言习得是孩子的本能，他们在这方面的能力比家长要强很多。在语言学习上，孩子是天才。家长需要对孩子天生的本能抱着一种羡慕和敬畏的态度，千万不要干扰孩子的自然节奏和生物本能。

很多家长都喜欢用"我担心""我害怕""我纠结"来开启一个谈论孩子的句子。一旦家长开始这样说话了，就容易出问题。中国的家长特别容易对孩子感到焦虑。所以，请给自己定一条规矩，避免这样的句式。

我碰到的很多家长，他们对待孩子的时候，喜欢"表达自己的焦虑情绪"，甚至就是"发泄情绪"。把大量的情绪垃圾释放给孩子，是非常糟糕的，会严重影响孩子的身心健康，尤其影响孩子的语言发展。

我推荐大家读一读著名作家纪伯伦写的散文诗《孩子》，诗中有一句话是"你的孩子，并不是你的孩子"。大意是，你只是照顾和养育一下你的孩子，但是这个孩子并不是属于你的，只是暂时寄养在你这里。你需要把他养育好，把你可以做的做好，给出你可以给予的最好的东西，但他并不属于你。

很多父母很少觉得自己孩子真的很棒，而是永远不满足，觉得孩子这儿不好那儿不好。我以前跟一些家长讲过一个笑话：就算你的孩子是爱因斯坦，你也会不满意，觉得他头发怎么那么乱。大家可以去看看一些亚裔脱口秀演员的表演，他们说起苛责、挑剔、永不满足的亚裔父母们，真的非常有意思。

有的家长觉得孩子怎么只看书不听书；有的家长又焦虑孩子只听书不看书；有的家长焦虑孩子怎么听来听去都听同一个内容，听得不够广；有的家长焦虑孩子怎么所有的东西听过一遍就不再听了，听得不够扎实。无论孩子怎样，家长都不会满意，这就让孩子感到很辛苦。家长对孩子的那种充满焦虑的情绪，孩子是能够清楚地感受到的。

同时，也不要总是关注周围其他孩子的进度，进而对自己孩子的英语学习产生焦虑，觉得别人家孩子都已经能听懂这么难的东西了，自己的孩子怎么连最简单的还听不懂；或者，别人家孩子都已经能看懂这些书了,自己的孩子怎么连最简单的书还看不懂。语言习得有其内在规律,就像不能因为别的孩子比你家孩子个头高,你就让孩子去吃激素。每个人都有自己的成长规律,孩子只要做到需要做的事情,尽可能多地增加输入时间,在这个过程中尽可能保持心情愉快,结果就会自然发生。

我经常看到英语鸡娃圈热衷英语启蒙的家长,开口闭口都是"黑话",什么"初章""中章""自拼""神树""疯校",都是在英语鸡娃圈流行的词。

在英语学习中,我非常讨厌"鸡娃"这个词。

"鸡娃"这个词来自"打鸡血"。"打鸡血"是流行于1967年左右的一种疗法,抽取几十毫升的公鸡血注射进人体,被认为可以治疗各种疾病。在荒唐的年代,曾经有大量的人这么做,如今看起来会觉得这些人简直莫名其妙。然而,现在还有很多人在做类似"打鸡血"的事情,因为从众心理而不加判断地做一些完全违背自然规律的事情。可以说,"鸡"这个词真的惟妙惟肖,喻示了"鸡娃"的结果——把一只会飞的鸟变成了一只鸡,让它不会飞了。

在孩子的英语学习过程中,家长只能做两件事。

第一件事情就是提供资源。家长只是提供资源,不是替孩子挑选资源。要想孩子学英文,家长应该让他周围不要堆满了各种练习册、教材、考卷。一定要在孩子周围堆满大量的、有趣的、美好的英文材料。可以带他去书店,或者给他打开网店、视频网站、音频网站,让他挑选,帮助孩子在家中播放他选择的音视频。

第二件事情就是闭嘴。别焦虑,过好自己的生活,别去烦孩子。家长无论念叨什么,基本上都只会干扰孩子。家长不需要在家中强迫孩子开口说英语,不需要教孩子英语单词,不需要跟孩子进行英文对话,也不用给孩子讲解,尤其不要反复问孩子看过或听过的内容,免得引起他的反感。而如果孩子愿意主动分享,并希望你能回应,家长就要积极回应。很多家长在孩子需要的时候不理睬孩子,却在孩子不需要的时候死盯着孩子,这是很不理想的一种状态。

家长也不要担心自己不懂英语。英语启蒙对家长的英语水平没有任何要求,家长只要不帮倒忙就可以了。学语言不是一件复杂的事情,不需要专业技能和知识。只要记住我们说的方法,就是让孩子像学母语一样自然习得英语,问题就完全解决了。

家长如果盯着孩子,不停地做各种规定,给孩子安排好所有时间,这样不仅会阻碍孩子的语言习得,也会阻碍孩子的身心成长。

在学语言上,孩子就是鸟,天生长着翅膀,只要给他们蓝天,他们就能飞;孩子就是鱼,天生有鳍和鳞片,只要给他们大海,他们就会游。家长需要做的事情就是欣赏、赞叹、敬畏,而不是指手画脚,越俎代庖。

疑问解答

? 怎么让孩子高效记单词?

▶▶ 通过背单词学英语,是死路一条。通过"可理解性输入",孩子会自动掌握单词。

? 怎么让孩子快速提高词汇量?

▶▶ 要想提升词汇量,一是听,二是阅读。听多看多了,自然就能够掌握材料中的那些词。

? 孩子要不要学音标?

▶▶ 音标并不能让孩子的发音变得足够标准。但是到了一定的年龄阶段,音标可以帮助孩子查字典,知道一个单词大致的读音,有一定辅助作用。

很多时候学校里教的音标其实比较混乱,使用的 IPA 版本也很混乱。但总的来说,音标跟学习语法或者其他方面的英语知识一样,起查漏补缺的作用。一定是脑中先有声音存在,再去学习音标体系。

? 现在的应试教育体系下,初中学生不得不用传统的方

法，怎么办？

▶▶ 你如果是初中老师，真正需要做的事情是尽量不要让学生做习题，不要用应试的方式进行日常训练。平时可以让他们大量地听，大量地阅读。如果怕进度不够快，可以每天让他们听写一篇英文。无论如何，你都要让学生坚持输入，而不是去做不科学的事情。

❓ 孩子六岁，喜欢看英文版的《小猪佩奇》，每天大概看一个小时。动画片语速挺快的，孩子爱看，但是他没啥英语基础。我知道不应该干涉，但老是对他充满怀疑。

▶▶ 这个问题很典型。孩子的热情和本能往往都是被成年人毁掉的，比如家长的质疑。孩子已经在兴高采烈地看英文动画片了，家长竟然还是怀疑。

再说一下我打的那个比方。在学语言的事情上，孩子好比是鸟，成年人好比是猪。猪整天担心鸟飞不高、飞不远，这是一件非常可笑的事情。

我相信，家长只要忍住自己的焦虑，分散一

些注意力,不要盯着孩子,让他持续有输入,他的英语会很好的。如果家长一直这样盯着孩子,不仅会影响他的英语学习,还会影响他成长的其他方面。

很多父母特别喜欢死死地盯着孩子。孩子是独立的个体,当他需要你的时候,你可以回应他的需求,当他不需要你的时候,不要像蚂蟥一样吸在孩子身上,这会毁掉孩子的人生的。

❓ 孩子看绘本,家长需要翻译给他听吗?

▶▶ 除非孩子主动求助,否则家长最好不要解释,不要翻译。

❓ 听过英语音频之后,要不要让孩子用自己的语言复述?

▶▶ 完全没必要。根据克拉申的原理,输入是提升水平的唯一方法,输出的能力是结果。练习输出并不提升输出水平,相反,可能还会造成心理负担,让孩子整个吸收英语的过程变得更加劳累。

❓ 孩子五岁,我和孩子一起看英语故事书,说英语,并告诉孩子汉语意思。可是孩子只听汉语,不听英语,

结果基本一点英语也不会,我还挺累的,怎么办?

▶▶ 你说的这种方法,恰恰是我们不鼓励的方法。不要充满焦虑地盯着孩子。

❓ 我总担心孩子听不懂。怎么才能检测孩子听故事的效果?

▶▶ 家长想要检测孩子听故事的效果,只能证明一个问题,家长自己焦虑了。

很多家长永远在担心孩子。有种说法,"担心就是诅咒",这会害了孩子的。语言是人的本能,尤其是孩子的本能。你怎么不担心孩子不会走路?他只要小的时候能学会中文,就一定能学会英语。但是你的担心会影响孩子的这种本能。你只需要放手让孩子去听。孩子愿意听就是最好的学习效果。其他都是无谓的焦虑,只会干扰孩子的语言习得。

❓ 孩子们和我反馈说,英语听多了,脑子里都是英语的声音,这是好事还是坏事?

▶▶ 当然是好事。学好英语必经的过程就是听大量的英语声音,让脑中有足够多标准的英语声音。

❓ 孩子们听得多了，有的词汇会说错，发音不准确，我没有去纠正，只是让他们静静地多听几遍，后面几天还会循环播放他们容易说错的句子。这样做对吗？

▶▶ 第一，当然不要纠正。第二，不用刻意播放。这位家长还是很焦虑，虽然大致知道我们的方法，但还是不放心。再次说一下，孩子的自然习得过程中，家长除了给孩子提供材料，别的什么都不要做。不要瞎焦虑、瞎掺和。

❓ 通过一个学期的学习，我发现我家的一年级男孩听力还行，但是基本不认识课本上的单词，我有些焦虑。可是背单词又和您说的学习方法相矛盾，我不知道该怎么办。考试成绩太差，老师会找家长。

▶▶ 焦虑是最伤害孩子的学习的。再说一下，孩子学语言就跟学走路一样，是一定能学会的，无论是学英文还是中文。孩子一岁的时候不会说话，大家会焦虑吗？不会，因为他后面一定会开始说的。英语也是，只要用正确的方法，孩子肯定会学会的。

❓ 需要要求孩子把听到的英语材料背下来吗？

▶▶ 听多了自然会背。但不要强迫孩子背，不然这个过程会非常痛苦。每个人的精力、心力和脑力都是有限的,而做痛苦的事情所占用的这些资源要远远大于我们做不痛苦的事情。

为什么玩游戏可以玩十几个小时?玩游戏其实蛮累的,人得一直坐在同一个位置,而且要反应得非常快。但玩游戏总体来说特别愉快,没什么压力,而且随时都有奖励机制。如果你强迫孩子一定要背下来听到的英语材料,会让孩子的情感变得拧巴,心情不爽必定会让学习效率变低。学习状态一定要特别舒服才对。

❓ 让孩子坚持做阅读理解题,可以提高英语成绩吗?

▶▶ 阅读就好好看书,不要做阅读理解题,阅读理解题多无聊啊。不要通过任何做题、背单词这样违反天性的方法学习英语。

❓ 孩子学习英语的过程中,是否需要家长中文翻译,帮助理解?

▶▶ 如果孩子不要你讲,你就不要主动跟他讲。你自己看电视的时候,如果旁边有个人一直在说话,你也会觉得挺烦的。所以还是看孩子的需要。如果他看不明白,主动问你这讲的是什么,你可以跟他稍微解释一下。

❓ 昨天听了顾老师英语方法课，彻夜难眠，痛心疾首。我是英语老师，虽然貌似帮学生们提升了一点成绩，但却感觉自己在"毁人不倦"。我现在每次布置作业，每次叮嘱学生知识点，每次对传统教育方式的遵从，都让我十分痛苦。我下一阶段就准备用英语泡脑子，每天大量听，把自己当试验品，实践顾老师的理念，一年以后给顾老师反馈我的改变。

▶▶ 作为英语老师，你可以做的有很多。加油！

❓ 我看您之前说主动拥抱英语文化会有利于更好地学习英语。请问怎么算拥抱英语文化？

▶▶ 不需要特别多的考虑，因为什么东西能够带给孩子快乐和美好的体验，他们就会被什么东西吸引。就好比很多人都说孩子对一个人的喜爱一定是最真诚的。如果你给孩子很多有意思的、滋养心灵的英文材料，他自然就会从中吸收养分，不会因为这些材料是外国人的东西就有一种基于偏见的排斥。

❓ 现在的孩子的英语水平似乎比以前的孩子更好？

▶▶ 是的。过去二三十年，中国英语学习者的英语水平还是有所提高的，尤其是听说方面。

为什么会有这样的提升？最主要的原因是互联网的普及，使大家能够接触比过去多许多的英文材料，客观上增加了大家获得英文可理解性输入的机会。换到四十年前，没人有机会看美剧，除了老师课堂上放的那么一小会儿英文，根本没有大量听英语的机会。当然，在有互联网之前，大家通过 VCD、DVD 等途径就已经有机会接触原版英文材料，能够进行可理解性输入了，但是互联网使这一切加速了。

现今流传的许多学习方法都是互联网时代之前，甚至改革开放之前的做法。那时候可能整个学校只有一台录音机，学生仅有上课时能听 40 分钟磁带。有的地区甚至可能连录音机都没有，只能听老师说。那种条件下，学习方法非常受限，然而现在的情况全然不同。如今，全世界的互联网资源都向我们敞着大门，我们可以获得近乎无限的语言资源，来打造沉浸式的语言环境。在资源如此富足的时代，我们还要把自己局限在几十年前资源极端欠缺时的学习方法中吗？外语老师该对教学方法做出何种调整？外语学习者又应如何调整学习方式？这都是值得思考的问题。

家长分享

▶▶ 现在某些培训机构真的让人大跌眼镜。今天,我在某家机构陪孩子上书法课,听隔壁教师讲课好几分钟,才听出来是在讲英语。他给三四年级的孩子讲单词时,一个词一个词地全按照谐音讲。比如 minute 这个词,老师跟孩子们讲"米努特"。持续一个半小时,所有单词全都按照这个方式讲,太可怕了!

谢谢分享。还是我说的那句话,在语言学习上,成年人好比是猪,孩子好比是鸟。让猪去教鸟怎么飞,有什么可教的?

▶▶ 顾老师前几天给我提了一个建议,我根据老师提的进行了调整,感到英语学习中的松弛感还是挺重要的。我原来每天让孩子读一篇文章,顾老师说指定阅读内容的方式不太好,我就和孩子聊了一下,现在让他自己看书。周六他看到一篇关于埃及的文章,觉得挺有意思的,就很自然地和我讨论了一下。这种状态和原来完成任务似的阅读确实感觉很不一样。

非常好。让孩子自己飞就行了。

▶▶ 老师以前让孩子朗读,后来听了顾老师的理论,不要求他朗读了,就单纯地听,这样更好坚持,因为孩子读不好就会排斥英语。

对。朗读不是为了孩子的学习,是为了缓解家长的焦虑,纯属满足家长自己的需要,伤害孩子的成长。

第二章　错误的方法，阻碍了孩子英语的起飞　　63

▶▶ 网上有很多让人焦虑的信息。比如，孩子最好七岁考过KET，二年级有2000个词汇量……我的同事看了就焦虑了，觉得自己十二岁的娃进度慢，很迷茫。我曾经因为看见别人家孩子开始看什么材料、听什么材料而着急，我就希望自己孩子正在用的材料尽快推进一下进度，比如孩子听完一个系列，我就会着急给他推荐下一个系列。经过很长一段时间的磨合，我发现孩子还是有自己的进度的，他会自己决定听哪些材料，听多久，什么时候需要更换材料。

　　对，非常棒的分享。所以我非常反对那种几岁要达到什么标准，几岁要能看得懂、听得懂什么的说法。有的人会列一个表，什么年龄要达到什么水平，要看什么材料。每个孩子的发展都不一样，所以不要那么僵化地去看待，并没有一个统一的标准，即使有，这种标准也只会让绝大多数家长都觉得自己的孩子不够好，会破坏孩子自然的语言习得。孩子才是会飞的鸟，你掰着他们的翅膀强行要求他们这么飞、那么飞，肯定是在帮倒忙。

▶▶ 我最近跟孩子一起听《鹅妈妈童谣》。童谣韵律感很好，孩子老是喜欢跟着说两句，但说得并不标准。我是应该纠正孩子的发音，还是不让他继续念？还有，孩子在爷爷奶奶家从音乐玩具那儿听到过英文生日快乐歌，但玩具发音不清晰，孩子学的 birthday 这个词发音不对。最近，幼儿园的英语课单词打卡中有 birthday 这个词，我才发现他发音的问题，帮他纠正了两个星期。

　　家长不要焦虑。五岁的孩子说中文，很多发音可能也是不标准的。只要不强迫他说，让他听足够多标准的英文，自然就会拧过来。纠正发音是没有用的,发音是纠正不了的。只有足够的可理解性输入才会自然地让孩子的发音变好。你孩子才五岁,对语言是非常敏感的。不要那么焦虑,焦虑的情绪反而会影响孩子。给他听有意思的材料就可以了,不要纠结具体的发音。

▶▶ 老师说得很对,现在的初中考试越来越灵活,阅读题就不说了,选择题也需要有非常强的运用能力,比如一词多义,在不同场景下词语的使用,这对一直背诵单词、输入不多的孩子来说就比较困难。老的英语学习方法确实要改进。

非常好,这位家长现身说法。

第三章

自然习得的具体操作方法

一、听是孩子习得语言的最佳方法

前面我说过,想学好英语,要像小婴儿学母语一样。小婴儿学语言,唯一做的就是躺在一个有说话声音的环境中。所以任何人习得语言最好的方法,就是像小婴儿一样静静待在这种语言的声音中听。最好的输入就是声音输入。

跟所有因素相比,听是最重要的因素。听是人类习得语言最核心的方法。

听觉输入是英语习得的前提和基础。英语水平好坏的最大变量,或者说终极要点,就是听英语的时长。反复听到,就能够自动将所听内容内化。通过长时间听,英语会成为一种脑中自动响起的内在声音,会成为一种本能。

外语学习,尤其要习惯用耳朵优先于用眼睛。孩子的耳朵是非常敏感的,对他们来说,"听力优先"能够非常好地建立语言基础。

我们为什么会把我们会的第一门语言叫作母语?因为那是妈妈对我们说的话。那么,为什么我们能学会妈妈对我们说的话?因为,我们听到最多的,就是妈妈对我们说的话。听的时间越长,我们就越容易记住这样的语言。母语是用耳朵学的,并不是用眼睛学的。人类发展这么多年来,都是用这样的方式让语言代代传承的。

著名的《父母的语言》是近些年来一本经典的讲儿童语言发展

的书。这本书的核心观点就是：孩子在小的时候，每天聆听足够时长的语言非常重要。书中提到，孩子在学龄前要能够听到很多说话的声音，这对孩子的语言发展是极为关键的。

《父母的语言》里着重提到，不同家庭的孩子能听到的单词量相差非常大。一般来说，孩子父母的教育程度越高，社会阶层越高，他们对孩子说的话也越多，孩子能听到的句子和单词也越多。教育水平较高的、从事专业工作的、中产阶级的父母，每个小时说的话是那些需要靠救济生活的父母的两倍。

在美国，一个社会阶层较低的家庭中的三岁孩子大约听过1300万个单词，而一个文化氛围较好的美国高知家庭的孩子，三岁时已经听过4500万个英文单词。

如果按一分钟150个单词的语速来算，1300万个词大约是1500个小时的输入，4500万词就相当于5000个小时的输入。一个人听完这么多个小时的语言声音，才能达到一个三岁美国孩子的英语水平，这是语言学习的正常规律。

一个孩子在家中听到的语言的量，会对他之后的学业发展、智力发展和事业成功有非常大的帮助。研究发现，孩子三岁之前父母跟他们说话的多少，也就是他们听到语言的多少，会影响上学后的阅读成绩。同时，孩子听到的单词数量越多，他们参加各种智力测验的成绩就越好，在学校的学习程度也会越好。

孩子学语言一定要听力优先，多听，海量地听。英语学习几乎就只有一个目标，就是积累完母语为英语的那些孩子输入的那几千个小时。早一天达到这个目标，就早一天完成任务，即使做其他的训练，也是永远绕不过这一点的。只要不达到这个目标，孩子的英语就到不了应该有的水平。

总结一下，**孩子要把英语学成母语，核心就是做一件事——尽快听满5000个小时。如果觉得太多，就尽快先听满1500个小时。什么时候做到了，什么时候就能成功。**

二、听力输入的简单方法：英文背景音

理想的自然习得方法，当然是生活在纯英语的环境中，有真实的语境和具体的交际、互动。

如果孩子没法生活在英语环境中（比如在美国上小学，或者父母中的一方是英语母语者），那么比较现实的做法就是，用视频、音频和其他互联网资源模拟出这样的语言输入环境，达到《父母的语言》里说的5000个小时的听力输入。

并不是出国才叫进入英语环境。我们缺乏的不是环境，而是输入语言声音的时间。所以一定要有大量的声音输入。只要听的时间足够长，孩子的英语一定好。

克拉申举了一个例子。他在美国有个朋友，家里请了一个中国保姆。那个保姆每次到他家的时候，就把动画片打开给孩子看，因为她希望孩子乖一点；但是她每次放的都是中文的动画片。结果，

孩子后来就会说中文了，就这么简单。

因此，给孩子大量地看英文动画片，或者看各类英文影片、视频，可以最大程度上地模拟全英文的环境，帮助孩子完成自然习得的过程。稍微有了一定英语水平之后，听英文故事音频也可以达到类似的效果。

看动画片的时候，注意尽量不要让孩子看中文字幕，否则会变成中文阅读。看完的动画片都可以当背景音反复播放，这样可以让听的时间大大增加，也避免过度用眼。

一下子做到5000个小时的输入可能比较困难，我们可以从每天给孩子听一到两个小时的英语做起。理想的状态是，平均每周听英语的时间能够达到20个小时。如果实在达不到，每周至少也要听10个小时。如果一周可以听20个小时，一年就有1000个小时左右，孩子用三到五年的时间就可以积累到理想的听英文时长，英语水平会迅速提高。

随着年龄的增长，学业负担越来越重，专门用于英语习得的时间可能确实在减少。这样的情况下，听英语的时间怎么积累？最好的方法就是通过家庭背景音的方法，在不干扰正常生活和休息的情况下在家中一直播放英语的声音。美国高知家庭的三岁孩子听过4500万个单词，就是因为他们有家庭背景音，周围有英文说话声。所以只要模拟那样的英文家庭背景音，本质上来说就跟在国外差不多了。

把英语当背景音听不占用全部注意力，所以时间可以无限延长。所有碎片时间，比如坐车的时候，走路的时候，玩游戏、吃饭、做不怎么需要全神贯注的事情的时候，都可以播放英文背景音。不需要专心致志地听，但一定要让孩子的耳朵一直暴露在英文声音中。

举个例子，我认识一个广东人，她的普通话比我认识的绝大多数北方人都标准，她后来甚至去学了播音主持，而她家中并不说普通话。我就好奇地问她是怎么做到普通话发音如此标准的。后来才发现，她从小每天睡前都会用一个录音机听普通话故事。这种在语言敏感期大量的普通话输入，奠定了她非常标准的发音。

有人又会问，不用心听能有用吗？还真有用。我们提到过，语言学习是在潜意识中进行的。你觉得没在听，其实大脑自己在运转着，把听的所有内容都不知不觉地吸收了。甚至有人做过实验，在睡着的时候播放外语，醒来之后测试播放的内容，大脑还真的吸收了很多。

大家如果学唱歌，一下就知道输入的效果了。我经常打比方，很多通俗歌、口水歌，你从来没学过，但街上放得多了，有时候你走着走着就不知不觉开始唱起来。大多数广告也都是用了这样的原理，反复在你耳边轰炸同一个句子，让你牢牢记住它，甚至本能地脱口而出。家庭背景音当然不是瞎放，也不是所谓的"磨耳朵"。每周几十个小时的英语输入一定要是有效输入，也就是我们反复强调的可理解性输入。但并不是每个词都懂才叫可理解。只要孩子大致知道意思，并且对内容感兴趣，就可理解。所以衡量的标准是孩子的兴趣。

我当年学英语的时候，假期一天玩十个小时游戏，玩的时候在旁边放着英语当背景音听，所以提高特别快。

家长可以挑孩子听得下去的内容当作背景音反复播放，效果会比每次都听完全陌生的内容好。这也比较符合克拉申说的"窄域输入"（Narrow Input），即如果一段时间内能够集中输入相似内容，比如一些话题或者风格比较接近的材料，输入效果会更好，这有助于将反复出现的语言内化成自己的一部分，因为同类材料中会反复出现语言现象，比如词汇、短语、搭配和句子结构，有助于更好地掌握它们。

曾经流行的复读机是一个特别棒的工具，不过大家现在应该不大会用了。我之前设计过的一些课，都会配个练习版，里面就有类似复读机的循环播放功能。一个声音反复强烈地轰炸你时，能够让你形成非常强大的记忆，带动整个语言感觉。

当然了，在某些情况下，过度的重复可能会让一部分孩子厌倦。所以，是否需要反复听一个材料，是一件比较主观的事，最终还是要让孩子自己判断。

如果孩子喜欢看一部动画片，可以看完一集后就把那一集当作背景音听。把听过的内容作为背景音反复播放，听多了自然会把材料中的细节吃透。这些声音会进入脑海中。如果头脑中能自动响起英文声音，那英语学习的问题就不大了。

很多家长尝试了家庭背景音的方法之后，都有一样的体验：孩子特别热爱听英语，想让他们停都停不下来。孩子根本不会觉得自己是在学习，只觉得是在听好玩儿的东西。只要让英文声音成为家庭背景音，差不多一至四个月之后，孩子就会开始不停地往外蹦英语，根本就不需要家长强制进行学习。这是一个非常自然而然的过程，也是完全模仿母语学习的过程。

有一位家长听了我的讲座之后，一直让孩子把英语当背景音听。有一次，她批评了孩子，孩子非常突然地就蹦出一句"I am so sad"，这位妈妈听到之后都惊呆了，想：从来没有人教过孩子，为什么他就会说呢？还有一次，孩子见了到家里修东西的修理员，也开始对他说英语。可见，语言习得是在潜移默化中进行的。强力输入、听觉刺激强到一定程度之后，自然就会脱口而出了。

有的孩子看了《小猪佩奇》之后，别的没学会，猪叫声倒是很快学会了，这就是强力声音轰炸的力量。语言学习的本质是一种声音的模仿，猪叫尚且能学会，英语只会是一种更简单的模仿。我经常说的一个方法，我称它为"像学狗叫一样学外语"。因为学狗叫时不会去看吠声的拼写，也不会用方言去拼读。学狗叫的唯一方法就是模仿狗的声音，所有的理性分析全都没用了，只能凭听。

听英语的过程，就好比一个编程机器把一套英语程序写进孩子潜意识的过程。一旦被写进了孩子的潜意识，这套程序将是他终生难忘的。

给孩子听英语的时候，建议大家接上音箱。至少是用蓝牙音箱播放，不要直接用手机外放。首先，手机外放声音不够清楚，容易影响听的效果。还原度越好，保真度越好，孩子听音频的效果就越接近听真人现场说话。其次，避免用手机直接播放，也可以让孩子远离手机、平板电脑之类的电子产品。

让孩子能够既持续听英语，又不过度使用电子产品的方法主要有两个。方法一，就是把蓝牙音箱给孩子，播放的手机或者平板家长自己拿着。方法二，就是给孩子一个不能上网、只能听音频的播放器，这样可以避免孩子过度使用屏幕，影响视力。

此外，其实可以把电视作为可理解性输入的良好渠道。电视当然有它的局限性，但看电视对学母语是有用的。对学外语来说，看电视更是特别棒，因为这是极其重要的听觉输入方法。克拉申也认为，看电视没有太大问题，不一定会影响阅读，有时甚至会促进阅读。只要不从早到晚只看电视，其实没有太大坏处。所以不需要恐惧电视。

前面我们提到过，克拉申举了孩子看动画片学会语言的例子。看动画片时，孩子们根本没觉得自己在学外语，只是觉得动画片的内容有意思，而孩子大脑中的"语言器官"自然而然地就学会了语言。

研究表明，看比较好的电视节目对语言学习各方面都会有帮助。适度看电视甚至还可以让孩子在学校的考试成绩有所提高。美国有一档儿童电视节目叫《芝麻街》。有学者做过研究，发现上学之前看过《芝麻街》的孩子，会比不看《芝麻街》的孩子成绩更好。所以从学英语的角度来说，看有趣的英语电视节目是非常好的学习方式，就是要注意用眼卫生。

很多研究都表明，通过测评小学三年级时孩子的阅读能力，就能够非常准确地预示他未来的学习成绩甚至整个人生成就，而小学三年级的阅读能力与更小的时候的语言输入量呈非常大的相关性。这也证明了，无论是学第一语言还是学第二语言，无论书面语还是口头语，都是通过大量输入获得的。

再提一下点读笔。**点读笔不能提供足够的输入**。点读笔只能在阅读的时候起辅助作用，可以在刚开始看英文书的时候配合使用。但是点读笔提供的听力时长完全不够，是不能解决听力输入问题的，也不能作为主要的输入方法，所以还是要大量听英文音频。

三、输入先于输出，让孩子自然开口

口语是一个水到渠成的能力。很多人经常听到"练口语"的说法，但口语其实是练不出来的。英语说得好不好，是听的结果。

输入一定优先于输出。一般来说，儿童语言发育障碍很多都是和听力障碍有关的。同样地，我们在第二语言习得时遇到的问题，大多都是在"听"上出了问题。

学英语首先要大量地听，听是学语言最重要的方式，英语水平与脑海中英语声音的强弱和多少有很大关系。如果脑海中的英语声音非常微弱，英语就会不好。听多了，就会自然而然地说出来。

在语言习得中，只需要做听和读两件事，说和写是自然结果，不需要刻意练习。只需要关注输入端，听得足够多，不仅可以说得标准，未来也可以让写作的语言质量更高，内容更丰富。

语言的理解（听、读）优先于语言的生成（说、写）。打个最简单的比方，你能看懂《红楼梦》不代表你能写出《红楼梦》。因此在托福、雅思等各种英文考试中，大家听力和阅读的分数一般会高于写作和口语的分数。

孩子的语言理解能力也是远远优先于孩子的语言生成能力的，所以孩子能听懂很复杂的话的时候，可能还不会说话，或者只能说非常简单的话。

根据发展心理学的观察，刚出生的宝宝差不多就能够识别妈妈的声音；几个月大的孩子基本就可以在你喊他名字和说一些简单的话的时候听懂你的意思，并且做出反应。但是，这个时候的孩子并不会说话。开口说话之前，婴儿有一个"安静期"（Silent Period）。在这一段沉默的时期中，他们只会哭，不会说一个字，更没有反复操练，但是语言能力并不是没有进展，只是一直在输入，输入到一定程度才开始说。

小婴儿没怎么刻意练习过，听到一定程度自然而然地就能开口说词，慢慢连成短句，逐渐形成流利的句子。他们先能听懂人的语言，后来才开始说话，这是人类语言的发展规律。

小宝宝是听了十几个月的母语之后才能够开始说话的，这十几个月大量的语言输入是他开口说母语的前提条件，这是语言能力发展的正常过程。这个过程说慢也不慢，但是我们要忍受住前期的安静。

和第一语言的习得一样，第二语言的习得也一定会先有安静期，即有很长一段时间孩子是只听不说的。这时候，家长千万不要逼迫孩子开口，这会影响语言的自然发展。长时间的安静期是一个厚积薄发的过程，并不是一件坏事。如果不经历安静期就开口，孩子的英文发音会定型在特别不地道的、带有很浓口音的状态上，用词、语法、表达也都会形成很多错误习惯，甚至会自己发明一套不标准的英语。

"说"一定是落后于"听"的。第二语言的自然习得也要遵循这样的规律。正如孩子想要开口说母语就一定得有足够的母语输入，孩子想掌握英语也需要有足够的英文声音输入。只有听了足够多的英文，脑海中响起的英语声音是标准的发音，才有可能把音发好。

年轻人的普通话往往比老年人说得好，很大程度上是因为年轻人从小就是看着电视长大的，有大量的机会输入标准的普通话声音，尤其是在语言敏感期。有人说，我奶奶八十多了，每天也看电视，为什么还是不会说普通话？有两个原因，第一，过了语言敏感期，相对来说吸收一种发音的难度会大一点。第二，也是很重要的一点，是她说了一辈子的方言，发音已经定型了。这也证明了不要强迫开口的重要性。

所以，**一定要尊重孩子的安静期，不要急着让孩子开口。**"听"多了，"说"就会是自然而然的结果。输入足够之后，孩子就会有种脱口而出的感觉。比如，一段时间内孩子的英语听得特别多，会有一种特别想说的欲望，不让说都拦不住。

千万不要强迫孩子说英语。

孩子在没有社会规训的时候都是忍不住要说话的，孩子多的地方容易吵闹，就是因为孩子比较喜欢开口发出声音。所以不用担心孩子不会说。很多家长都会分享，孩子听了一定的英语之后就会忍不住开口说英语。也有孩子比较喜欢自言自语，或者会不由自主地模仿动画片里的动作和声音，根本不用家长要求他们跟读、开口。

所以大人不要强迫孩子开口。说话本来就是孩子的本能。如果孩子没有主动开口，说明听得不够，还没有到说的阶段。家长不要进行任何的错误干预，千万不要逼孩子说，更不要为了面子，动不动就让孩子在亲戚朋友面前表演说英语。这些都会严重伤害孩子的语言发展，会让孩子极其厌恶这一门语言。

口语能力最主要的其实就是三个方面，一是说得流利、脱口而出，二是用词准确，三是发音地道。这三点都不是在输出中获得的。只有输入才提高语言水平，输出不提高语言水平。"输入和输出相结合""多听多说"这些说法都是不对的。学英语时多输入，不需要多输出，输出是结果。

一旦达到了几千小时的输入，孩子的语言能力就会进入一个非常棒的水平。在大量听和顺带阅读的基础上，无论是口语、写作还是应对考试，都是水到渠成的。但这些都是结果，输出是输入的自然结果，不要把目光放在输出上。担心输出只是因为家长自己的焦虑情绪，只会影响孩子的语言发育。

因此，孩子在可理解性输入时，家长应该给孩子留出足够的空间，不要干扰孩子的输入。可理解性输入的过程中，不需要强求任何辅助练习。跟读、朗读、背诵、复述、单词学习、句子分析、要点概括都不是必需的，甚至是不建议做的。如果学英语的过程一直是学习的场景，不是娱乐的场景，是很难坚持的。唯一可以坚持的提升英语的方法一定是孩子在看好玩的东西、听好玩的东西时，不知不觉提高了英语。

有些家长会自己拿本书给孩子念，或者跟孩子说英语。很多人也会强调所谓的亲子共读。我建议用标准的音频代替家长念书。

第一，家长跟孩子说英语或念书给孩子听，会让孩子学的是家长的英语，而不是标准的英语。绝大多数家长的英文发音、重音、断句都有问题，这样的输入给孩子造成的影响是负面的。语言敏感期输入的语言可以决定终身的语言水平和发音特征。孩子善于模仿，一旦学会了家长不标准的发音，可能终身说的英语都是不标准的。

举个例子，日本乒乓球选手福原爱之前接受采访，开口就是一口有浓烈东北口音的中文，因为她从小在东北学乒乓球，在语言习得的关键期输入的是东北口音。所以在语言习得时期，一个人周围的语言刺激，会使他以后本能地说出这样的口音。家长如果整天给孩子输入自己的声音，他以后说英语就会带上你的口音。

第二，家长给孩子讲书，会夹杂大量的中文，而不是输入连贯的英文，也容易让孩子不习惯阅读。

第三，在自己英语不好的情况下讲英语，对家长来说也很别扭。

第四，假装出来的语言环境是很难受的。就像以前学校里会搞什么"英语角"，或者让大家没事的时候相互说英语。这种扮演式的训练是很难持续的，也很难产生真实的效果。

想要孩子英语好，家长不需要有多高的英语水平，只需要认对方向就可以了。只要给孩子听标准的音频，不要念英语给孩子听。输入标准，输出才能地道。

当然，从亲子情感和陪伴的角度来说，家长陪孩子是可以的，但并不一定需要参与到孩子英文习得的整个过程中。相反，孩子可能会拉着你给你讲他喜欢的书，这时家长做好听众就可以了。

四、阅读将孩子引入语言高级阶段

在传统中国教育中，读书是一件非常重要的事，读没读过书是受没受过教育的同义词。读书多，教育水平就高。但是当下中国的教育，无论是语文教育还是英语教育，都不是十分重视阅读。语文课只学一本薄薄的课本，英语就更不用说了，几乎没有要求整本读的书。有的老师觉得读课外书是浪费时间、影响学习的，甚至还有老师专门没收课外书。

孩子在语言习得的过程中，一定要大量阅读。读书不意味着读教科书，而是指真正的书。想象一下，有两个孩子，一个一直在背单词、做语法题，另一个读了很多经典英文原版书。多读书的孩子是真正地在学习英语，而且读书会让他整个人的气质都不一样，有一种腹有诗书气自华的感觉。而把自己泡在教材和习题中的孩子，变得双眼呆滞，整个人木木的，精神涣散，一点灵气都没有了。

克拉申近些年来最强调的就是阅读。阅读是一种非常重要的可理解性输入方式。

他认为，与其把钱交给外语培训班，或者花钱买外语教材，进行外语练习，不如花钱去买真正的好书，把钱交给好的作者。不需要教孩子怎么读书、怎么写作，阅读本身就能培养语言能力，而这点在学母语和学外语中是一样的。

美国家长面对孩子的词汇量问题时，往往只会让孩子多读点书，没有让孩子多背点单词的。他们会默认阅读是提高英文水平、提高整体知识水平必需的甚至是唯一的方法。

克拉申强调，阅读本身就能培养语言能力。学母语也和学外语一样。如果没有充足的阅读，一个人无法成为一门语言的精通者，也没法成为一个母语读写能力很强的人。真正语文比较好的人都是从小到大有机会、有条件、也有幸爱上读书的人。一个不读书的人即使做再多练习，语文还是会很差。

克拉申指出，好的语文课，就是能让学生爱上阅读的课。只进行正规系统教学的外语课是不提升学生的外语水平的，但是如果能够促使学生进行更多更高质量的可理解性输入，外语课就可以提升学生的语言水平。

克拉申列举了大量研究结果，证明阅读对词汇、语法、写作、口语、听力、拼写都有帮助。要想学好语文和英语，做练习题绝对百害而无一利。只有坚持做一件事，也必须只做一件事，就是阅读再阅读。一个孩子读闲书的多少，与他长大之后的知识广度呈正相关，而知识广度跟他做多少作业、成绩好坏没有任何关联。读闲书是最重要的。一定要爱读书，读想读的书。

从语言学习的任何角度看，阅读的效果都比系统学习知识更好，而且时间越长，两种方式的差距越显著。克拉申曾经做过一个实验，在一所学校中让孩子进行六个星期的阅读。这段时间之后，学生单词量的提升相当于平时在学校学五个月的效果，阅读能力的提升相当于平时在学校学一年以上的效果。很多其他研究者的实证研究也表明，一个人的阅读理解能力、词汇量和阅读速度都与阅读时间成正比。阅读时间越长，词汇量就越大，阅读理解能力和阅读速度就越高，拼写水平也越高。

克拉申还在20世纪90年代参与了一项美国人学西班牙语的研究，用虚拟语气来考察美国人的西班牙语语法能力。各种测试之后，他们发现唯一能够影响一群学生虚拟语气掌握能力的因素，就是他们阅读西班牙语书的时间。受试者读的西班牙语书越多，虚拟语气就掌握得越好。

还有研究表明，可以用阅读时间的长短预测一群人托福考试成绩的高低。花更多时间读书的人，托福成绩会高于很少读书的人。读书特别多的人很少遇到很大的语法和拼写困难，而且他们的写作水平也会更高。这都是潜移默化、不知不觉产生的结果。

我之前见过一个中学生，英语好得我都觉得惊讶。她写出来的英语文章，我觉得比美国人写得要好多了。她就是上英语课的时候从来不听课,而是坐在最后一排读英文小说。从英语学习的科学原理来说,这是极其正确的做法,因为听课并不总是进行英语输入,而在最后一排读小说,每时每刻都在进行英文输入,效果跟上课完全不同。

五、最好的阅读方法——自由自主阅读

克拉申认为,最好的阅读是"自由自主阅读"(Free Voluntary Reading)。**自由自主阅读,就是凭兴趣读,想读什么就读什么,不想读什么就不读什么;想读的时候就读,不想读的时候就不读。**

克拉申也把自由自主阅读称作"休闲阅读"。兴趣是非常关键的,阅读一定要基于对内容的纯粹兴趣。阅读是为了获取信息和乐趣。一旦阅读的目的不单纯,大脑的情感过滤机制就会变得很强,就自动开始过滤、屏蔽语言。

那种读完书或者文章之后,要复述、回答问题、做选择题、写感想的阅读,用克拉申的话说,"想到就让人恶心"。这些事情会把语言习得这样一个美好的过程搞得令人反胃,是很可悲的。这就很像我们小时候学校组织春游,春游前就告诉你回来要写作文,搞得都没心思玩了。

阅读过程中很重要的一点就是"怎么爽怎么来",这也是衡量学英语的方法的唯一指标。根据克拉申的理论,情感过滤机制比较低的时候,人是能够很好地吸收语言的,而人在感觉不爽的时候,大

脑就在抵触语言,是学不进去的。自由自主阅读,是外语学习者从初级进阶到高级的关键。只要热爱阅读,并且基于兴趣进行阅读,不需要上课,不需要老师,不需要学习,甚至不需要与人对话,就能够让外语水平持续进步。

自由自主阅读不仅可以提升阅读能力,而且可以提升写作能力、词汇量、单词拼写能力、语法能力及综合语言水平。克拉申做的实验表明,每读一小时英文书,标准化考试成绩就提升0.6分,而一个十来岁的学生,每年读一百万单词的阅读材料,词汇量会增加几千。读什么书都行,不用特别纠结读的内容。举个例子,光读一套《哈利·波特》(*Harry Potter*),我们就能掌握大量的英语词汇。

自由自主阅读时,精神是放松的,心情是愉快的,这样,阅读时自然也就输入了有意义的内容。但凡能帮助孩子享受阅读的事情都是可以做的。如果孩子可以和小伙伴相约一起读相同的书、听相同的音频,然后一起沟通讨论,效果就很好。家长们与其凑在一起去商量该上什么培训班,不如让孩子一起买书,一起挑视频,有机会见面的时候去讨论这些书和视频。

有的家长会觉得孩子看书囫囵吞枣,听东西一知半解,这纯属乱担忧。

首先,孩子就是在一堆半懂不懂的东西中摸爬滚打学会语言的,不然小宝宝怎么会说话?

其次,凡是看不懂的东西,孩子自然就不会感兴趣。只有一种"看不懂",就是家长"以为"孩子看不懂。

有的家长担心孩子不懂，就在旁边翻译、讲解，其实全都是在帮倒忙，不仅让孩子厌烦，还会打断他正常的语言发展。家长以为孩子看不懂的材料，如果孩子喜欢，他们其实是完全看得懂的。我们只需要让孩子大量地、愉快地输入就可以了。大人只要静静地看，静静地听，顺其自然，最终孩子就会水到渠成。

家长不要干扰孩子的输入过程，不要把看书、看绘本当作任务，尤其不要看完就让孩子总结一下，复述一下，再做点题，也不要问孩子这句话看不看得懂，这个词什么意思，不要因为担心孩子不懂就翻译或者讲解给他听。如果孩子觉得他在娱乐，在看好玩的动画片和好玩的书，他的水平就自然会提高。孩子感兴趣的是内容，是信息，这才是输入的关键。关注内容，就同时收获了内容和语言；关注语言的时候，既没有收获内容，也没有收获语言。

不要整天纠结精读还是泛读，需要做的是多读。所谓精读和泛读其实是苏联的说法，把非常生动有趣的，传递信息、承载意义、进行沟通的语言，变成一种纯技术性的东西。很多所谓的精读就是逐句给孩子讲语法、单词，破坏他们正常的语言写作功能，把很有意思的书变成枯燥的、完全没有意义的语言知识。

读一个内容的时候不用把它强制地划分为精读或是泛读。孩子觉得一篇文章足够有意思，会认真地一个字一个字去看，甚至想把它记下来，这就是精读；要是觉得这篇文章理解意思就行了，就可以快速地一看而过，这就是泛读。就跟中文一样，看报纸或者浏览网页自然就是泛读。但是我们如果看到有些文章觉得特别有意义，想一遍一遍地看，这就是精读。

很多人出国留学会发现，原来一周要看那么多阅读材料。我知道的不少学生，尤其是学文科类专业的，一周读 1000 页材料是很正常的。这时你根本没法纠结精读还是泛读，因为根本读不完。所以大家平常需要做的是多读。

六、从听过渡到阅读的具体操作方法

虽然阅读很重要，但孩子的英语学习一定要听力优先，不要一开始就阅读。阅读一定是在听的基础上进行的。**在脑中没有英语声音的情况下进行阅读，是本末倒置的**。

我的建议是从听自然过渡到阅读。听也是一种阅读，可以理解为有声阅读；阅读也可以理解为一种听，听自己内在的声音念给自己听。一个人如果没有听大量的英语，阅读的时候就没有一个相对标准的内在英文声音读给自己听。

所以为什么一定要听力优先？首先，因为这本身就是人类掌握语言的自然方法。人类掌握任何语言都是从听开始的。其次，如果过早进入阅读，脑海中还没有足够强烈的、标准的英语声音，是会影响阅读的，就相当于在用不标准的英语念给自己听。

阅读和书写在整个人类发展史中出现得比较晚。语言是以大量听为基础的，阅读是在听之后的。

当孩子听得懂这门语言的时候，就可以开始大量地阅读了。因为这时，看书的信息吸收效率更高，所以他们一般都会很自然地转换至阅读。家长和老师也不需要专门教孩子去学拼写。孩子听过的书，家长再把纸质版给孩子读，他一下子就能把文字跟他听的内容对应上了。给孩子足够多的书，他们自然能读。

一般来说，孩子上小学之后，我就会鼓励大家把阅读这件事提上日程。但如果孩子的启蒙不是在学龄前进行的，那么这时也不要急着阅读。阅读的前提一定是孩子能够听懂英语。如果孩子听的英语还不够，还不能说英语，就不要过早开始阅读，因为视觉会干扰听觉上的语言成长。

家长可以先给孩子准备好书，当他们把书籍的音频听熟了并且感兴趣了，他们自然而然就会把书拿出来看的，切记不要强迫孩子。

想要培养孩子的阅读习惯，家长先从买书做起。中国的书总体来说是不太贵的，条件允许的情况下，一定要多买书。克拉申也提到，家里有多少书，基本上决定了孩子有多大的阅读量。我曾经看过一个研究，家里书籍的多少和孩子对阅读的兴趣、阅读习惯的养成，包括在学校的成绩都是成正比的。不要强迫孩子做什么，家长需要做的事情就是把该买的书买了，放在孩子周围。让各色有趣又好看的英文书环绕着孩子，问题可以解决一大半。

有人问，买了书，孩子不看怎么办？买书不是一定要让孩子马上就看的，首先是营造一种阅读氛围。所谓的"书香门第"，家里书一定很多。做不到家里堆满书，孩子不爱看书是极其正常的。建议大家可以看一下你们家庭每年买书的钱多还是买衣服的钱多，这可以看出整个家庭对书籍和阅读的重视程度，孩子也是能感受到的。

如果经济条件不允许，带孩子多去图书馆也是非常好的。克拉申特别喜欢图书馆，觉得图书馆是世界上最美好的地方，因为里面有无穷无尽的美好材料，都可以成为真正的可理解性输入。现在，至少国内大城市的图书馆，馆藏还是很丰富的，里面也会有一些英文书。有些地方也有一些专门收藏英文书籍的图书馆。这些都是可以让孩子好好利用的资源。不知道给孩子买什么书的时候，孩子也可以先去图书馆把书借来看一看，这样接触的材料会更多。

具体来说，有几个比较好的方法，可以帮助孩子顺利地从"听"过渡到"阅读"。

第一是**把孩子听过音频的书给他们，或者给孩子听音频的同时也给他们音频配套的绘本和图画书**。克拉申特别喜欢故事输入，认为无论是阅读还是听，故事都是非常好的材料。他还提到，如果经常给孩子听故事，他们的整体阅读能力、词汇量和语法水平都会有很大提升。孩子在接受输入时，不只有故事的声音，还有这些有插图的书，孩子看书中的图就可以知道大意，听的时候就会变成可理解性输入。也可以给孩子听一些简单的分级读物的音频，并在旁边预备着相关的书，这样可以自然地让他通过兴趣过渡到阅读。只要手头有听过很多遍的、感兴趣的音频对应的书，孩子一定会本能地、自然而然地去看。听得多的孩子，当家长把相应的书扔给他们时，他们自然就能读了。

第二是**给孩子看动画片周边的书**。比如《小猪佩奇》《怪诞小镇》都有相应的书。对爱看这些动画片的孩子，一方面是把音频当背景音给他们放，另外一方面就可以给他们买书，这样能够自然地过渡到阅读。其他类似的动画片也是同样的原理。

第三是**给孩子看以 DK 系列为代表的图画书**。DK 出版社的书以图画百科全书为主，有适合低龄幼儿的，也有适合大孩子的，书中有大量特别精彩的图片和高质量的语言，孩子会非常享受阅读的过程。比如一本动物百科书里，每个动物都有对应的图片、名字，一方面孩子会感兴趣，另一方面，读这类书也会很好地培养孩子和书籍的关系，还能让他们不知不觉地输入很多相关的词。在看图过程中顺便看到的英文单词，孩子自然就会记得。当然，其他类似的插图百科英文书也都是非常好的。

除了图画书之外，简单的视觉补充也是有辅助作用的。比如有一些很好看的**英文挂图**，上面会有图片和单词，贴在家里也可以给孩子一些**视觉刺激**。举个例子，因为我小时候家里贴了一张世界地图，在小学时我就记得世界上大多数国家的首都。这显然不是背的，是靠每天视觉刺激就记住了。很多家长对拼写比较在意，那么一种方法就是多贴点有意思的挂图。但是千万注意，家长需要做的只是把图贴在那里拿它当装饰，而不是逼孩子背。

如果家里有一些进口食品或者物品，包装上的英文标签也可以是比较常见的视觉刺激，就像很多时候小朋友是通过看街上的路牌、商店墙上的标语认字的。

同时，我会推荐**英文图解词典**（Picture Dictionary）。这种词典是有图片对应单词的。孩子可以用图解字典来查生词，也可以平时翻着看，看有趣的图时顺便就可以认识单词，这是一种非常好的方式。所以家中可以备一本甚至几本图解词典，挑孩子觉得画得好看、感兴趣的就可以。

总的顺序就是，从看动画片、听动画片，到听简单的音频，逐渐过渡到看一点简单的书、听复杂一些的书的音频，到能看复杂的书，后面就可以让孩子自由选择感兴趣的英文材料。但在孩子开始阅读之后，依然要坚持听力优先，要保证足够的听英文的时间。

七、语感才是真正的英语能力

克拉申说过，习得可以让人获得一种"正确的直觉"（A Feeling for Correctness），也就是语感——说或写一门语言的时候，能一下就感觉到什么用法是正确的。

大家对中文就有这种直觉，比如为什么是"蹦蹦跳跳"，不是"跳跳蹦蹦"，为什么是"七上八下"，不是"七下八上"。提高语言水平的一个重要方法，就是靠语感。**英语水平等于语感，而习得就是提升语感的唯一方法**。

语感是通过大量的听和阅读得来的。学母语的方法可以让孩子养成英语思维的习惯，培养出语感，条件反射出的就是英语，因为他们是用英语直接吸收材料、获取意义的，脑子中不需要有一个翻译的过程。

一个人如果按照传统的学科式方法学英语，用大脑而不是用本能去学英语，那么，他看到英文或者说英文的时候，脑子里想的就会都是中文，阅读时看到英文脑子里会自动翻译，写作时也会先想中文再翻译成英文，尤其说英语时往往会蹦出一些中文词，因为来不及翻译，直接说出了脑中的中文。这些都是因为英语还只是一种知识，不是一种声音。

为什么很多人听力差、听得累？因为听英语的时候，他们都在默默地做同声传译。为什么很多人口语说得不地道？同样的道理，因为他们不是在说英语，是在做同声传译，脑中先出来一个中文词，再把它同声传译成英文，这样怎么可能说得流利？自然习得的方法就可以解决这个问题。孩子需要做的是把自己真正浸泡在海量的英语声音中，沉浸在原汁原味的英语材料的世界里，就跟学游泳一样。

很多时候，孩子看过一篇文章、一个视频之后，如果没有说出中文意思，家长就会觉得孩子没有理解。其实，这恰恰体现了家长和孩子不在一个层次上。孩子是在用语言本能进行自然习得，根本不需要借助母语，就可以直接建立起英语和世界的联系，而家长却认为，只有翻译成中文才能说明孩子真正理解了。

为什么我们反复强调，语言习得一定要吸收有意义的材料？因为语言是承载意义的。语言不仅是我们和其他人交流的方式，更是我们理解和认识世界的方式，也是我们思维的基础。孩子学语言不是单纯为了学语言，是为了通过语言获取知识、信息和精神养分，以便认识世界、思考世界，同时也与周围的世界发生联系。所有这些都是语言习得的意义，本质是通过语言吸收内容。在这个过程中，孩子的知识面和心灵、思维、视野都可以得到全面而大幅的提升。

所以，不要仅仅关注语言形式本身。让一个小孩或者成年人去背单词、学语法，是与人类的语言本能完全违背的，因为单独的单词和抽象的语法不承载任何的意义，什么都没说，什么信息都没有传达。毫无意义的、纯粹的语言形式分析是完全不符合人类和语言之间的关系的。

背单词、学语法、学自然拼读、刷题等练习，都没有进行完整的英语输入，孩子在这些练习中接受的英语都是支离破碎的。这些方法对提高英语都没有什么帮助，反而耽误了孩子语言敏感期的宝贵时间。

本质上，衡量孩子的英语能力是否有充足的提升空间，只有一个指标，就是是否有足够多的英语输入。上课不算英语输入，上培训班不算英语输入，做题、学语法也不算英语输入，只有听英语和看英文书才算是输入。大量的培训班都在教给孩子一堆关于语言的知识，完全没让孩子学语言本身。这就好比你想让孩子长个子，却只是让他去学生物学。生物学是不会让人长高的，只会告诉你长高的原理是什么。只有多吃饭、多运动，个子才会长高。同样，只有习得才能提升英语水平，而学习单词、自然拼读、语法之类的各种语言知识，都不能真正提升英语水平。

举个例子，在中国、日本、韩国这三个国家，人们学英语的主要方法是刻苦地把英语当作知识来学，做题、背单词，但学习效果非常差，人们的英语水平普遍较低。在欧洲的一些国家，比如芬兰、瑞典、丹麦等国家，人们的英语水平就比较好。除了语系的因素之外，还有多方面的原因，其中一点就在于他们会看较多的英文节目，不知不觉中，就增加了英文输入时间。

孩子习得语言是通过大量吸收意思完整的内容来实现的，而不是按照先学单词、再学句型、然后再学说话的模式实现的。孩子学语言的过程是一个整体摄入的过程，我们要给他们真实的、有意义的材料，吸收这些材料的过程才是真实的累积英语的过程。

当前，大多数外语培训机构往往假设学生必须先学习很多的技能和规则，才能把语言应用在实际的听说读写中。但是人脑的语言工作原理不是这样的，大脑会通过吸收有趣的材料自然而然地获得语言能力。

再来说说家长关心的学业成绩问题。中国的家长尤其希望孩子成绩好。孩子在学校的成绩可能有好有坏，每个孩子不同科目的成绩也有好有坏。每个孩子天生的资质确实不一样，也不是所有人都适合学校的学习方式。

但是，**在所有的科目中，英语也许是最容易提高成绩的**。

学英语不像学微积分或者学小提琴那样需要复杂的练习，也不需要孩子有任何天生的智力优势，甚至也不需要额外刻苦。再笨的鸟都会飞，再笨的鱼都会游泳，人对语言的习得也一样。如果在课堂中把语言当作知识学，智力差异就会影响成绩。但是真正习得一门语言时，智力几乎没有影响。智力只与学习相关，与习得无关，因为学习是有意识的行为，而习得是一种潜意识行为。

因此，只需要给孩子用对方法，就可以非常简单地解决英语问题，让一个成绩很一般、资质很平常的孩子在英语这门课中获得优势。尽早让孩子大量接触有意思的英文材料，许多英语学习的问题就可以非常好地解决。英语成绩好了，孩子的自信心也容易增强，这样还能同时促进其他课程的成绩提升。

八、写作是阅读的自然结果

这几年被培训机构和自媒体炒作比较多的是英文写作。

其实，大多数时候，英文写作不够好是因为英语不够好，问题往往卡在输入端，也就是听和阅读上，尤其是阅读。多数孩子的写作问题都还停留在语言水平层面，还没有到布局谋篇的地步，对他们来说，首要任务是确保先写对每个句子。

要想写正确地道的英语句子，脑海中一定要有大量正确地道的英文句子。怎样让脑海中有大量真正的英语句子呢？那就必须要听和阅读大量的句子。

只要有足够的阅读量，写作水平自然会提升。一言以蔽之，"读书破万卷，下笔如有神。"写作一定是阅读的结果。还没破几卷时，不用谈什么写作。**阅读量提升到一定水平之后，写作问题会顺带解决。**

孩子如果大量地听英文书、读英文书，不仅会提升英语水平，也会提升中文水平。我就见过不少孩子英文书读多了，中文的作文也有提升，因为从本质上说，中英文写作是相辅相成的，他们读的东西多了,脑中的养分就多了。

说也好,写也好,都是输出,是输入的结果。要是想解决结果的问题,必须回到源头,也就是输入量上来。只想从输出的角度解决问题是没用的。

很多培训机构会推荐使用作文模板。其实模板只适合那些英语很差、只能在英语作文中拿到基础分的人。如果想拿高分,就不要用套路和模板。

虽说语言习得不需要刻意,会自然而然地发展,但是写作不是单纯的语言问题,还涉及思维问题、内容问题,以及结构、逻辑、格式、标点、引用规范等,这些是语言之外的东西。所以要想写作好,除了英语要好,还要有清晰的、符合逻辑的思维,掌握一些具体的格式和学术规范。英文水平过关之后,可以进行一些英文写作逻辑的学习,先找一本普通的、系统的、母语人士撰写的英语写作教材从头通读一遍。

针对写作本身的学习和练习有一定意义,但主要的意义是训练人的思维水平,帮助人整理思路,使人更有逻辑,思维更清晰,而不是单纯提升语言水平。所以写作练习对直接提升英语水平没有用,但是养成写作习惯对个人成长是很有帮助的。

疑问解答

? 对于六岁的小朋友,您建议每天英文输入的时间最好保证多久?

▶▶ 这个问题我也说过。首先,你问这个问题就带着很强的焦虑和担心。其次,从技术角度来说,我的建议是没事就在家中把英语一直当背景音放着。你不会去想你家的灯开了多久,空调开了多久,一直开着就行。只要孩子不觉得烦,有空就给孩子放英语。家长需要做的只是进行播放,千万别跟孩子说"你要听英语"。

? 您说把英语材料当背景音放着,那孩子做作业的时候可以放吗?会不会对他有干扰?

▶▶ 这得看影不影响他写作业了。但是我觉得在孩子写作业的同时给他听英语,属于把孩子逼得有点紧了。这反映出你可能没有给孩子留出充足的玩耍和休息的时间。你需要给孩子空出这样的时间,不要那么贪心,在他做作业的时候还要让他听英语。

我比较鼓励的是让孩子玩的时候听英语,这也是我当年的做法。这样又能玩又能听英语,是比较完美的。

? 背景音是全天放吗？

>> 以不干扰孩子的休息和生活为标准，能多放就多放。优先放孩子看过的动画片的音频，或者他感兴趣的、能够懂一点意思的内容，这样效果会比较好。

? 材料中孩子不懂的地方影响他的学习积极性怎么办？

>> 首先不要让孩子觉得他是在学习。其次，孩子觉得一个材料难度太大，自然会不感兴趣。最好选择其他材料。

? 孩子最近在读《经济学人》(*The Economist*)，时常会有生词影响理解，阅读过程中会查单词，耽误了许多时间。请问是该转而选择更简单的材料，还是继续阅读并查单词来帮助文章理解呢？

>> 尽量不要让查单词打断阅读过程。如果需要不停地查单词，不查就完全看不下去，最好还是换简单点的材料；如果只是有一些不懂，不查依然能看下去的话，我觉得可以试着忽略生词继续阅读。千万不要让频繁的查单词打断整体阅读过程，这样会非常影响输入效果，让阅读体验支离破碎。

❓ 我陪孩子学习英语也走过很多弯路，学习顾老师的方法后才恍然大悟，很感谢老师带来这么科学、先进、高效的学习方法。我的两个孩子假期一直看英文原版动画片。关于看动画片，我一直按照老师的要求来做，他们喜欢看什么就看什么，我从不干涉。姐姐有时候也会看中文字幕，我就会悄悄在后台关闭字幕。目前的情况是，九岁的姐姐还不会主动说英语，五岁的弟弟不经意间会冒一些句子或单词。一部动画两个孩子最多刷三遍，他们知道剧情后就很容易厌倦。当作背景音也试过，但是因为孩子任务比较重，学习英语的时间很少，甚至有时会暂停。我想请问一下老师，如何提高碎片化学习的效率？

▶▶ 你目前的方法非常好，我觉得没有什么特别要注意的，你已经吃透了我们的方法。不过，你的孩子一个五岁一个九岁怎么学习任务就比较重了呢？不要让五岁和九岁的孩子整天学习。别给孩子那么大的压力。

❓ 克拉申提到可理解性输入，那看动画片的时候不解释不是不利于孩子的理解吗？

▶▶ 孩子只要能够看下去，就说明他理解了。他不要求你解释，你就不要解释。你设身处地想一下就知道孩子的感受了。你在看电影，旁边有一个人不停地给你解说电影，你是不是觉得这个人很烦，恨不得用胶带把他的嘴封上？只要孩子愿意继续看，就说明他是可以理解的。如果完全不理解，他不会看的。这是非常简单的道理。

❓ 看过的动画片需要刻意重复看吗？我一般按顺序往下播，孩子也不太喜欢重复看以前看过的。

▶▶ 可以把看过的动画片当背景音一直在家里放着，让孩子持续听英语。

❓ 据我观察，孩子看动画片看不懂的时候会有一点尴尬，也不会问我什么意思。在这种情况下，他很快就不愿意看动画片了，这应该如何处理？

▶▶ 动画片一定得让孩子本人选，内容要是他感兴趣的，整体的难度他要能够接受，这才是合适的。

❓ 如果确实有孩子感兴趣的文章，并且有音频，能不能先阅读再听？

▶▶ 一般来说，我是不主张先阅读再听的，但孩子如果已经到了这个阶段，也没有必要那么拘泥。

❓ 是不是每一句听的内容都能够在脑子里以完整的英语句子浮现才是过关的？孩子会一句一句精听。

▶▶ 我不主张这种做法，这会把有意思的东西变得非常枯燥无聊。孩子感兴趣的内容就多听，如果难度大，换简单一些的材料就可以了，不要把整个过程变成特别复杂、痛苦的练习，因为这样很难坚持。

❓ 孩子非常喜欢听绘本，虽然不怎么开口说，偶尔也会往外蹦英语单词。之前听说过安静期理论，我就给他静静地听绘本。孩子是盲听的，他没看过书，我直接放音频，这样可以吗？

▶▶ 给孩子先看有图片的绘本，再听相应的内容，这是比较好的方法，包括先给孩子看动画片，再听相应的小说。只要孩子愿意听就是合适的，就这么简单。

❓ 孩子听更简单的材料也碰到了问题。请问调慢语速可以吗？

▶▶ 可以的，总体来说不要纠结。

❓ 有人说给孩子看原版电影没有效果？

▶▶ 这可能是由两种原因造成的。第一是这个原版电影可能是有中文字幕的，这样孩子就会不由自主地去看中文字幕；第二可能是孩子的水平与你给他看的原版电影不匹配，无法让孩子实现有效学习。

❓ "磨耳朵"的说法是否科学？孩子"磨耳朵"的时候老走神怎么办？

▶▶ 我不喜欢"磨耳朵"这种说法。听力输入是全人类学会语言的唯一方法，听是最重要的。所有小宝宝都是靠听学会这门语言的，并不是什么可有可无的"磨耳朵"。

但前提是听的东西不能完全不懂，因为如果完全不懂，听英语跟听其他完全陌生的语言没有区别。所以开始的时候看视频效果会更好，因为有图像辅助，孩子更容易听懂。

走神怎么办？婴儿在躺着学母语的时候，也不是不走神的呀。我们营造的是英语的声音环境，是允许孩子走神的，孩子也不可能一直专注于声音环境。

❓ 孩子平时很忙，学英语的时间不够怎么办？

▶▶ 先做减法。

❓ 中学生是不是多听课本录音就好了?

▶▶ 可以的,孩子如果不觉得无聊的话,可以这么做。很多孩子可能会嫌无聊,那就可以换一些有趣的内容。

❓ 初中生了解英语课文的中文意思之后,不断地听课文录音,就可以提高英语水平吗?

▶▶ 大致是这样的。把初中课文的录音当背景音反复播放,因为孩子大致知道课文是什么意思,课文的录音就是可理解性输入材料。反复听,这些语料就可以被吃透,就可以内化为孩子内在的声音。这对中学生来说,是一个相对比较简单、又比较正确的方法。如果没有时间、也没有精力去系统地实践正确的方法,从听教材录音做起,是一条简单的路径。

❓ 孩子听的时候可以干别的事吗?

▶▶ 当然可以。我说的听英语是当背景音听,不用坐着仔细听,那样会很累。我们之前说过,对小婴儿来说，大人聊天就是声音背景。一定要让英语成为你们家的声音背景，就像电风扇的声音一样，就在家里一直响着。只要注意不要挑孩子完全听不懂的材料就行。

❓ 给孩子看迪士尼动画好吗？需要让他专心听吗？

▶▶ 孩子喜欢看当然好了。如果英语学习的过程让孩子感觉不爽，学习效果就会大打折扣，因为根据科学原理，他的情感阻隔会非常大。如果孩子学得很痛苦，十有八九是学不好的。

把英语音频当作声音背景和专心听，这两种方法都是可行的，也可以一起采用。只是把英语音频当作背景声音的话，孩子可以很轻松地实现听五到六个小时，而专心听，能坚持的时间就会相对少一点。如果孩子能够保持一段时间专心听英语音频，肯定也会有比较好的效果，但是家长不用强求。

❓ 孩子三岁，看完英语动画片之后还不太懂，家长需要用汉语给他讲一下动画片的意思吗？

▶▶ 我的建议是不用拘泥。假如孩子希望你跟他讲一下，那么你就简单说一说，孩子了解大致意思后，这个材料就可以成为可理解性输入，这并没有什么坏处，还有好处。但如果只是家长认为孩子不懂，强行要跟孩子说中文意思，就显得多余了。一切以孩子的主观体验为准。

❓ 英文动画片可以有中文字幕吗？会不会很影响效果？

▶▶ 尽量不要有中文字幕。但是如果孩子年龄大了，水平又偏低，不给中文字幕他可能会看不懂，那就看双语字幕。水平高一点可以看英文字幕。如果实在看不懂，再看中文字幕。带着中文字幕看完之后，可以把它当背景音放着听，这样效果会好一点。

❓ 孩子听英语，需要区分英音、美音吗？

▶▶ 家长不用过度关注英音、美音的问题，但如果想让孩子的发音尽快定型，可以在英音和美音中二选一。如果家长没有任何倾向，不知道如何去选，一般来说，美音的材料会更多一点，所以从方便的角度，可以选择美音。一些比较主流的英国作品，像《哈利·波特》和《小猪佩奇》，也都有美音的版本。

❓ 孩子喜欢《哈利·波特》，就给他放《哈利·波特》的电影，但是看了一段时间之后提高不明显，可能是因为有中文字幕。接下来，是不是应该给他看不带字幕的？

⏩ 中文字幕会让孩子进入中文阅读的过程。一般来说，要看就看带英文字幕的电影，当然最好是不要看字幕。

❓ 语言安静期需要多久才能过？现在感觉孩子听力进步特别多，但只能说一点简单的句子，有时候我有点焦虑他的输出问题。

⏩ 不要担心输出。输出好比花钱，只要忙着赚钱就行了，不用担心钱花不出去。

❓ 有的孩子学英语就是开不了口，或者不敢开口。

⏩ 除非孩子因为性格因素，说中文的时候也不喜欢开口，否则不存在所谓说英语开不了口的问题。大多数孩子说英语开不了口，都是英语不好而采取的一种正常的自我保护，是非常正常的情况。不要逼孩子开口。只要大量输入，孩子总会忍不住开口的。

❓ 孩子开口说英语总是有语法错误，怎么办？

▶▶ 因为你的孩子很可能是把语法当知识学的。所以一定要多"听",从"听"到"说"是一个自然而然的、而不是要用知识去想的过程。

❓ 孩子说,他嘴上说出来的英文跟脑子里想的不一样,聊天的时候根本说不出来英语。

▶▶ 语言是一种本能反应。只有语言能成为你的本能时,它才真正属于你。为什么我总说学一大堆语法、词汇和规律并没有什么用,因为在关键时刻我们能调动的只有本能。用意识学到的东西没法让你在聊天的第一时间反应过来。只有把英语的一切都变成自动化反应的本能,才能做到聊天自如。打个比方,假设我们用意识学习用四肢爬行,有的人当然学得特别好。但要是你身后忽然有一声枪响,或者失火了,你的第一反应还是蹦起来用两条腿跑。你的应激反应永远是你最根深蒂固的本能。那种通过意识学会的东西,在那一瞬间就全忘了。

❓ 孩子听多了、看多了,就会写吗?

▶▶ 是的。听多了、看多了，孩子自然就会写，一点点来。

❓ 孩子听材料的时候大概能听懂一半，是让他同一个材料一遍遍地听，直到完全听懂为止，还是不管有没有完全听懂，就这样一篇一篇接着听下去？

▶▶ 看孩子的兴趣。孩子如果喜欢反复听就让他反复听，喜欢一直听新材料就让他听新材料，没有一定之规。

❓ 听书的时候需要同时看着书吗？

▶▶ 一般来说不需要，可以先听，听不懂的部分可以看一看书。一边听一边看，容易听也听不好、看也看不好。

❓ 孩子光听就可以吗？是不是也该加强阅读呢？

▶▶ 是。但是我在家长的话中感受到一种浓浓的焦虑。"这样真的可以吗？""不这样会不会⋯⋯？"比听和阅读更重要的事情，是放松。

❓ 可以给孩子先听后读书吗？

▶▶ 这是一个非常好的方法，尤其是对孩子来说，肯定是先听再开始读，这是符合语言习得规律的过程。

❓ 给三年级的孩子买了绘本，但他刚接触英语，看图片比较多。

▶▶ 比起文字，孩子肯定更喜欢图片，因为图片是具体的，文字是抽象的。而且因为孩子还不懂英语，也就没有兴趣看，这很正常。不用特别强迫他怎么样，他看多了，自然就能学会一点点。这个过程中，最好能够配一些有声材料，这样帮助会比较大。

❓ 孩子十岁，状态是听得比较多，听力单词比阅读单词多，阅读单词又比拼写单词多，怎么能够让他把单词记熟，还能写出来呢？

▶▶ 你说的这个过程就是人类语言发展的正常过程。继续往前走就可以。

❓ 欧美国家有没有值得推广的阅读方面的做法？

▶▶ 以我相对熟悉的美国为例。美国的公共图书馆非常发达，每个社区都有公共图书馆，服务全部免费，还可以随时让管理员去分馆调书来，而且有专门的儿童阅读区，孩子放学就可以泡在图书馆，有时还会有志愿者带孩子读书。如果你想让孩子学好语言，最好的方法就是把他扔到图书馆里。图书馆就是非常好的可理解性输入场景。周围有海量的可理解性输入材料，孩子可以挑自己喜欢的。美国的语言文化课非常强调阅读，尤其是整本书的阅读，很多学校的语言文化课就是让孩子到学校的图书馆里去读他们喜欢的书，而不是靠老师去讲解知识，这也是很好的做法。

❓ 孩子不愿读非虚构类图书，怎么办？

▶▶ 其实，各种图画书、讲知识的书，比如讲自然、动物和其他各种奇奇怪怪的知识的书，都属于非虚构类图书，孩子不仅喜欢，还会不知不觉就看进去。就算孩子不喜欢，也没关系，虚构类图书看多了，英语水平一样提升，家长不用焦虑。

❓ 孩子看电子书时，点一下生词会显示释义，在看书的时候像这样查单词可以吗？

▶▶ 这样是可以的，因为基本上不会打断阅读的连续性。但是我还是建议不要把过多的注意力放在单词上，否则孩子心中的英语都是破碎的，不是完整的句子。

? 孩子阅读的时候会一直查单词，不然看不懂。怎么办？

▶▶ 看文章查单词是一种比较低效的行为。我去看了一些自己早年看的英文书。当时看的内容稍微有点难，结果我也像周围的同学一样，每个词都查，一篇文章上密密麻麻地写满中文意思。但后来我发现，第一，我并没有掌握那些词；第二，后面的内容我也没有坚持看下去。

很多人所谓的原版书阅读，最后都读成了纯粹查单词的过程，没有任何意义。如果一本书读下来生词过多，或者说需要不停地查单词，是无法形成完整的阅读体验的，也不是在进行正常的英文输入，到最后，你会发现孩子并没有在看书，都在查单词。不能一句一句、一段一段完整地进行阅读时，大脑输入语言的过程是被不断打断的，无法形成非常顺畅、完整、美好的英文输入。所以从阅读难度的角度看，建议家长根据孩子的英文水平匹配相应的输入材料，宁可选简单的材料，也不要选择难的，因为难的材料会造成不好的阅读体验。

读再简单的内容都能提高英语水平。我如果现在去读儿童读物，即便是读苏斯博士的作品，也能提高我的英语水平。把英语基础打扎实很重要的一个方式，就是多输入一些难度不那么高的英文。如果一本书看了几页，孩子觉得难或者没有太大兴趣，就不要逼他继续读下去，应该做的是赶紧换书。

❓ 孩子需要上精读课吗？有什么关于词典使用的建议吗？

▶▶ 现状是，很多精读最后都变成学语法和做题了。

兴趣是最重要的。孩子需要的不是精读，是多读。

关于词典使用的建议是，在学习英语的中高级阶段，使用英英词典。在孩子学习英语的初级阶段，这个要求不大现实。但是你会发现，达到一定的英语水平之后，孩子会特别享受看字典。

举个我自己的例子。我在进行了大量输入后，对英语这门语言真的特别有兴趣，非常喜欢翻字典。中学时我买了一本《牛津初阶英汉双解词典》，里面的词很简单，几乎可以作为一本读物通读。没事的时候，我就翻一翻，从第一页翻到最后一页再翻到第一页，看得津津有味，因为我脑海中已经有那些词的声音。通过那本词典，我自己推导词典的用法，摸索出了好多英语的语言规律，甚至通过倒推法推出了词典中两种国际音标的用法，整个过程我都觉得特别有趣。但是，在没有充足输入的情况下，查字典、甚至背字典，是非常低效的行为。

❓ 孩子阅读时如何把握行文逻辑？

▶▶ 我建议大家把文章打印出来，用笔把文章结构画出来，这样便于理解逻辑。我还建议大家买一些英文原版的教材来看。教材的逻辑都划分得特别好。

❓ 孩子看不懂原版书，也不太愿意看。

▶▶ 看不懂肯定不愿意看。没事不要给孩子读那种难度完全超出他自己能力的书。一旦强迫孩子硬着头皮读这样的书，他很容易就没有兴趣了。图书难度的控制是非常重要的。

❓ 孩子如何看原版书？怎么有效阅读原版书？

▶▶ 第一，读得要开心；第二，阅读时间要长。这样才会有效，其他都是虚的。任何一本书，如果孩子看得津津有味，就有用；如果孩子觉得很无聊，家长需要强迫他读，用处就不大。孩子觉得英文书很有意思的时候，自然而然就会读得越来越多。

❓ 阅读材料需要让孩子重复看吗？

▶▶ 不用重复看。我之所以说听的东西可以反复听，是因为有时候可以边听边干别的事情。这种时候反复听，每次吸收一点。但如果把读过的东西反复读，孩子容易比较无聊，不如去多读几本书。

❓ 家长给孩子朗读绘本，有助于孩子学习英语吗？

▶▶ 家长如果英语读得不标准，就不要给孩子读英语，可以给他放标准的英语音频，一边帮他翻书，一边跟他一起看。这样的过程既有情感联结，孩子听的英文也是标准的。

❓ 选择阅读材料需要参考蓝思测试值吗？

▶▶ 蓝思测试是一个过于僵化的东西，克拉申也不赞同蓝思测试。孩子的主观感受最重要。

❓ "牛津阅读树"好吗？

▶▶ 只要孩子觉得有兴趣就行。

❓ 孩子在看英语绘本或者动画的过程中，面对很多不懂的单词都是猜或者直接跳过，泛泛读过之后也不会再细查意思。应该怎么巩固这些词呢？

▶▶ 不需要巩固。孩子在生机勃勃地吸取语言，你却想要用成人的思维方式指导他。在学英语的过程中，请大家忘掉"单词"两个字。不知道为什么，很多家长永远在纠结单词。纠结单词的学习者永远是在低水平徘徊的。

可理解性输入的意思就是只关心内容，不关心形式。有人会说，动画片是好看，但孩子光看内容了，一点英语也没学到。其实，恰恰是通过看内容才能学会语言。看动画片时，关注单词就不是正常的吸收语言的方式。

❓ 孩子爱看英语漫画书，应该鼓励吗？

▶▶ 当然应该鼓励了,看什么英语书都可以。想让孩子的英语特别棒,你回去就给他打一笔钱,让他去尽情地买各种英文书,想买多少就买多少。

❓ 我家孩子先看过《纳尼亚传奇》(*The Chronicles of Narnia*)的中文版,然后从 App 上又听了几遍。《了不起的狐狸爸爸》和《查理与巧克力工厂》也是先看完中文版,特别喜欢,就把相应的英文版听了好多遍。

▶▶ 这种方法相对来说比较适合年龄大一点的孩子。可以完整地看中文版《纳尼亚传奇》的孩子年龄不会特别小,中文有一定基础,所以先看中文再看英文也可以。孩子如果英语启蒙得更早,就不需要这样了。

母语在外语学习过程中可以起辅助作用,帮助孩子把不理解的内容变成可理解性输入。原本《纳尼亚传奇》对他来说可能难度挺高的,但是因为提前了解中文意思了,再去看和听英文就比较容易了。

❓ 原版阅读很重要吗?

▶▶ 现在很多人会强调原版阅读的重要性。但是阅读的前提是听得懂这门语言。在听不懂英语的情况下直接进入阅读,其实是一个很牵强的过程。一定要从听开始。

家长分享

▶▶ 我女儿现在的发音非常标准,比我强太多,就是因为每天听大量的英文。

对的,青春期之前,孩子获得标准的英语发音几乎是不费吹灰之力的。只要给他们听足够的英语,并且不强迫他们说,不强迫他们上很多课,孩子一定能轻松达到相当于母语的水平。

▶▶ 我英语水平比较低的时候听牛津一阶。一开始觉得很难,单词全认不得,一个都听不懂,但就是按照老师说的,大量地听,上班下班的时间边开车边听,每天睡觉前也听十五分钟,听到最多的时候每天能听一个多小时。

对,这是很好的方法。孩子也可以用这种方法。现在的有声读物,尤其是书的朗读版这类学习资源是很好找的。还有各种动画片、英文儿歌、网络视频、纪录片、科教片、电视节目、广播、电视剧、电影、公开课,网上非常多,不需要去上培训班。如果你所在的城市有外文书店就更好了。而且现在去网上买英文书,很多店铺都会送书的音频。家里一定要准备一个蓝牙音箱,可以外放,这样孩子就不用一直拿着手机或者平板电脑。

▶▶ 我儿子进步最大的时候,就是居家上课时,因为有大量时间听英语故事。这一年他每天听《牛津树》两个小时,看动画片半个小时,

每天睡前用一个 MP3 播放器听得如痴如醉。现在他基本可以用英语进行日常交流，能听懂正常语速的英语故事，自己用英语讲故事也讲得很流利了。

很棒。

▷▷ 我们一直在家里放有声读物，孩子通过有声读物学会了很多单词，他也能看英文书，根本不用学自然拼读了。但是他目前还是更喜欢听有声读物，不会主动看书。

对的，有声读物自然过渡到阅读是非常好的一个方式，可以跳过所谓的自然拼读。

你们家目前在给孩子尝试的方法我觉得非常正确。你看，孩子自然会进入状态，特别理想。目前这个情况下，如果他愿意听音频，不要强迫他看书。因为录制的有声读物本身是带有场景性和情感性的，可以让孩子产生比较好的代入感和连接感。他都已经愿意听有声读物了，就先让他听着，不用强迫他一定要进入阅读，从听到阅读是一个需要时间的过程。

▷▷ 这几天按照老师的方法，把动画片当成背景音放着，孩子要看就看，不看拉倒，结果发现他真的吸收了一些，开心。家长准备好大量的资源就好，不焦虑，不放弃，孩子总能找到喜欢的材料。我几年前就准备好了《降世神通》(*Avatar*)。好多人都推荐，可是我家孩子总是不喜欢，一直闲置着。昨天晚上他突然自己就翻出来了，连看三集。实际上是我自己践行了半年输入的方法，再执行到孩子身

上的。我和孩子已经执行快四年了。

听音频的时间多了,现在有时候孩子会自己指着那些看过的绘本中的词汇读。很久之前听过的声音在他们脑海之中留存,无意中随便拿出一册绘本,他就会指着读里面的词汇。我没有教他,也教不了。

太棒了,非常感谢。

▷▷ 我家孩子基本都是自己从相关的 App 上挑材料听,每个阶段他的爱好都是不一样的,没有按照难度高低区分,完全是自己根据每个阶段的兴趣调整。现在孩子每天基本都能津津有味地听一个多小时。

非常好的分享。

▷▷ 孩子最近每天看半个小时英文动画片,看完后忽然就能说出几个单词。

非常棒。

第四章

不同年龄的孩子如何规划路线、选择资源

接下来，我们来理一下整个自然习得英语的路径，看看具体如何让孩子通过大量可理解性输入，使英语逐步达到母语的水平，如何挑选看和听的材料，以及如何面对林林总总的课程、产品和工具。

一、学龄前：大量接触英文声音，实现英文启蒙

两岁之前

虽然有人认为，两岁之前的婴儿对音素更敏感，但是我觉得**孩子两岁之前什么事都不用做，完全不用考虑学英语的事情**。先培养好亲子联结，跟孩子多说中文，多互动，多回应，建立良好的亲子关系，把孩子一生最重要的心理基础打好。

如果一定想在这个时候做一些什么，那我觉得**可以给孩子放一些英文儿歌听**，主要是因为英文儿歌相比中文的更丰富一点，仅此而已。

两到三岁

这个阶段依然可以给孩子**放一些英文的儿歌和童谣，主要培养孩子对英文的声音的熟悉感**，不需要有任何目标，只要让他们听到一些有意义的、悦耳的、情感状态比较好的英文声音。

对三岁以下的孩子，一定要控制每天看电子屏幕的时间，因为长时间看电子屏幕会影响视力。尤其不要看手机和平板电脑这种较小的、近距离的屏幕。以听为主。

每天可以给孩子看十五分钟动画片,接下来就把这十五分钟的内容当背景音反复播放,这样就不会让孩子用眼时间太长,也可以有足够多的输入。看过的内容再听,效果也会更好。总体来说,我建议小朋友都不要过度观看电子屏幕,因为这很容易造成眼疲劳,也影响他们整体的身心发育。

三到六岁

孩子三岁之后可以开始看一些内容有趣的、他们自己挑选的英文动画片。因为动画片有图像,孩子很容易就能够明白说的是什么,便于进行可理解性输入。但家长还是要控制每天看动画片的总时长,每天不超过一个小时,孩子三四岁的时候可以控制在半个小时以内。此外,优先看电视的大屏幕,这样孩子可以保持一定的用眼距离。看手机时用眼距离非常近,而且更容易上瘾,更不利于孩子养成保护视力的习惯。除了动画片,三到六岁的孩子还可以看一些适合孩子的其他视频。视频平台上有很多材料,家长可以搜索一些供孩子选择。

同时可以听一些英文故事书的音频。一般来说,家长可以在孩子看了一段时间的动画片、对英语稍微有一点感觉的基础上,让孩子听一些英文故事。先从简单的听起,看孩子是否有兴趣,并以兴趣为标准选择音频材料。根据孩子自己想不想看、想不想听来进行选择,这是最好的选择方式。

对于学龄前的孩子来说,家长可以不用强求阅读,还是以听为主,在快上小学的时候让孩子开始阅读就可以。如果孩子学习的状态比较理想，家长的心态也比较平和，把自然习得的方法执行得比较好，那么，孩子在上小学之前可能已经非常沉迷于英文的世界，喜欢听英语故事，有时还会不由自主地开口说英语，发音也非常地道。这个时候，家长就可以考虑让孩子开始阅读了。此外，把一些专门给孩子设计的玩具式的英文折叠书、触摸书放在孩子周围，也能够比较好地帮助孩子建立和书籍之间的关系。

二、小学阶段：坚持可理解性输入，减少传统方法的影响

上学之后，孩子习得英语的大体思路和学龄前孩子一样。但是，学校有英语课之后，一定要抵御住周围的压力。除了在学校上课，千万不要让孩子花任何额外的精力去学语法、练拼写、背单词、做习题以及朗读、跟读等。

按照我们说的让孩子在学龄前大量听的做法，孩子应该已经能够听懂比较复杂的英文了，同时形成了非常纯正的发音，并且对听英语很感兴趣。但假如这个过程不是在学龄前开始的，而是在学龄后开始的，也没有任何问题。

小学阶段可以在听的过程中加入阅读。孩子如果在学前没有进行过英语启蒙，而是在上小学后才开始英语启蒙的，尤其是小学中低年级的孩子，依然可以先听为主，听到一定程度再过渡到阅读。

假如孩子是小学高年级开始使用自然习得的方法，从听过渡到

阅读的时间会相对少一点。但无论如何，我还是**建议先多听音频、多看视频，形成一种内在的英文声音，在这种情况下再过渡到看书**。尽量提升效率，与那些较早开始习得英语的孩子走过的路缩短距离，此时需要做的就是大大增加听力输入时间。最好能够**坚持把英语当作家庭背景音**，家里只要方便的时候就始终播放英语，让英语像空调、风扇的声音一样一直响着。尤其是在孩子通勤、休息或者玩游戏的时候，都能够听英语。保持这样的状态是非常重要的。

假如孩子的英语启蒙时间稍微晚一点，可能会面临自然习得与校内传统英语学习方法相冲突的问题，此时切记不要轻易被带跑。自然习得的道路一定会让孩子迎头赶上，学习效果大大超过使用传统的学习方法。

假如孩子启蒙得早，英语水平会提升很快，当然面对所有考试也都不在话下，校内英语课也可以成为一个他能够特别好地展现自己、提高自信的场合。

有的孩子采用了自然习得的方法，在学校的各种考试和学习中却并不能做到游刃有余，成绩也没有明显提高，这是因为自然习得的时间有限，还没有达到能够在考试中游刃有余的程度。这时候就需要一方面尽可能用比较少的精力应对考试，另一方面还是要坚持自然习得的学习方法。

一般来说，中小学的课本难度不高，考前稍微抽点时间复习一下，考试成绩就会有所提升，这样也不会太影响孩子的信心。重要的是，孩子要继续用自然习得的方法尽快把英语水平提升到接近母语的水平，这样就可以轻松应对考试了。

有些家长会反馈说，孩子没有足够的时间听。一般来说，这种情况往往意味着孩子的时间安排已经非常不科学了，被大量无效的事情填满了。孩子听英语的时间一般是他休息和玩耍的时间。如果没有足够听的时间，说明孩子没有足够的休息、放松和玩耍的时间。那家长就要反思了。首先一定要给孩子做减法，因为不这样做，孩子对英语学习的兴趣会大打折扣；然后再做加法，保证孩子有大量可理解性的输入。孩子的英语学习方式一定得从根本上扭转。

回想起中小学时期的大部分英语作业，它们不仅对孩子的成长助力有限，就连对英语考试分数的提升也往往效果不好。因此，这些作业能精简则精简。最佳选择是通过选择适合孩子发展的学校来减少不必要的负担，若条件不允许，家长可以智慧且友好地与老师沟通，探讨更为高效的学习方案。若沟通无果，家长亦可采取巧妙策略，帮助孩子避免陷入无效学习，至少应确保不再为孩子增添额外耗时且无成效的学习任务。

在此过程中，为孩子节省时间至关重要，关键在于给予孩子充足的自由思考与休息时间。无休止地上课与做作业，会严重阻碍孩子的思考能力的发展。许多孩子知识面狭窄，缺乏广泛认知，正是因为他们的生活被过度规划，时间被上课、作业、培训班填满。回想我们小的时候，家里常常开着电视，我们或许不会时刻观看，但可以无意中接触到多元的知识与信息，而不会像现在某些孩子那样，被束缚于从一个培训班赶往另一个培训班的循环中，几乎与世隔绝，心灵与思维都变得空洞。

学校的英语教育往往难以充分激发孩子的语言天赋，也无法有效培养他们的语言兴趣。因此，我们必须超越传统的课堂、作业、考试与教材的框架，通过自然习得的方式，帮助孩子建立起稳固、扎实且真实的语言能力。这样，他们才能在学英语的道路上走得更远，更深入地感受语言的魅力。

三、中学阶段：打开高级英文世界，降维打击传统课程

假如孩子到了中学阶段，已经按我们的方法进行了几年的自然习得，那么他们的英语水平往往会很不错，可以看见不一样的世界。要是能够走上这一条道路，整个世界都会丰富地展现在他面前。这种境界是整天背单词、做习题的孩子永远都无法达到的。

现在网络资源这么丰富，有大量英语类电视、广播、网络媒体都可以看。中学的孩子已经可以开始使用如可汗学院、Coursera 等各种线上课程了。国内的一些公开课 App 里，也可以用英语学习各种有意思的内容。

如果是中学阶段才开始了解我们所说的理念，那么孩子一方面需要适应学校里的传统课程和内容，一方面还是要迅速走上自然习得的道路。

此外，一定要尽早**进行更为系统性的有声读物输入和书籍阅读**。孩子如果到初中英语还是很差，一般来说就是因为一直以来并没有真正地一头扎进英文世界，没有进行可理解性输入、享受美好有趣的英文材料，因此也不喜欢英语。孩子到了初中之后，本能的语言习得能力相比婴幼儿时期是有一定衰退的，所以我们更要牢牢抓住这个阶段。怎么安排时间非常重要。

如果孩子年龄大了，但是英语很差，这时进行选材会有一定的困难，因为简单的绘本对他来说会太幼稚。早期最好能够先把英语水平提高到能够听懂、看懂一些简单英文的程度，再去看相对有意思的材料，这样就会轻松很多。**家长平时可以先从给孩子播放课文录音做起，没事就放着课文录音**。虽然孩子年龄大一点，可能会觉得简单的材料无聊，但还是尽量开始**看一点有意思的英文视频、英文影片和简单的分级读物**。这样，孩子至少会开始熟悉英语声音，培养一些英语的爱好。不求掌握多少，只求改变孩子和英语的关系。

假如孩子之后计划走国际路线、读国际课程并且出国留学，那更是一定要尽早摆脱背单词、刷题的英语学习方式，尽快进入自然习得的路径，尽快一头扎进原版英文材料的世界，否则孩子的英语水平和出国所要求的会有巨大的差距。

中国学生如果能够尽早扎扎实实地进行可理解性输入，那么无论是在各种双语学校和国际学校的入学考试中，或是AP、A-Level、IB等课程体系中，还是在托福、雅思、SAT、ACT等标准化考试中，都会有非常强大的竞争力。我认识不少用自然习得方法的孩子，都可以在高中达到托福裸考接近满分的成绩。

以上就是各年龄段孩子英语习得大致的操作方法。

但是家长不要有任何水平标准的局限，觉得孩子几岁就一定要达到什么水平，这会产生完全没有必要的焦虑和压力。

在十三岁以前，孩子都可以相对来说比较轻松地提升英语水平，但是任何时候开始都不迟。启蒙的难度虽然总体来说逐年提升，但即使是十三岁之后再开始，也不是完全不行。我也认识一些在青春期之后才开始学一门新的语言并达到母语水平的人。他们有个共同特点，就是输入量很大。

总而言之，只要从当下开始就都是最理想的状态。无论是三岁、六岁还是十二、十五岁开始，都不算晚。家长一定要让孩子感受到英语带来的快乐。

四、孩子的考试怎么办？

有人要问了，自然习得很好，但孩子还是要应试，不刷题怎么考试？这种担心根本没有必要。跟其他科目的考试相比，刷题对英语考试的帮助不大。

不少家长和学生整天关心考试怎么办，言下之意就是英语水平不够高，但想考高分。这是不可能的。考试是一个检验水平的方法。英语水平高了，分数自然高，英语水平不高的时候，练习再多，分数都高不了。

刷题无法提高英语水平，就像量身高无法把个子矮的人变高。一个1.4米的人，每天研究量身高的时候怎么往上踮脚，也踮不成1.9米。每次考试都完全不一样，孩子如果一味备考，不仅会疲于奔命，而且到最后英语水平还是一塌糊涂。况且，仅靠刷题来学英语，换了一种题型之后这些努力就完全白费。

有人问，那水平高的人考试考不过靠刷题的人怎么办？

现在，出现这种情况的可能性越来越小了，因为命题的时候会考虑如何预防这种情况，出题会越来越科学，可以精确地考查学生的真实水平。如果靠刷题就能把考试考好，可以说这张考卷出得就很有问题，不符合语言测试的标准，出卷人是不合格的。重要的英语考试的命题人都是有资质的专家，总体还是有一定水平的。

孩子如果能够按照自然习得的方法达到接近母语的英语水平，那么他在各种考试中都可以获得接近满分的成绩。

如果英语水平真的提高了，孩子就一点也不用害怕考试，因为考试是检测英语水平的。而提高水平，最基本也是最好的方法就是可理解性输入。通过可理解性输入提高了真实水平，任何考试都不在话下。这种看起来起效慢的方式，其实就是最强大的方法。

国内目前的高考已经大量采用外刊文章和其他原版材料，内容和形式上都更加靠近托福、雅思考试，也会更加注重对真实语言能力的评测,而不是对个别知识点和考试技巧的衡量。现在很多地方的中考英语试卷,对英语实际能力的要求也已经非常高了。因此,受试者水平不高却能考出高分的情况越来越少,刷题对提分的作用会越来越不明显。刷题不仅无法提高英语水平,连英语考试的分数也不能提高。

所以孩子在中学的时候,尤其是高中,如果只靠学习课本内容、背单词、刷题,高考是很难轻易获得很好的成绩的,因为孩子本身的输入不够。从这个意义上说,年龄大的孩子也应该迅速进入科学的英语习得方式中。

只有提升水平,才能够应对各种考试,否则很难获得高分。在国内的考试越来越科学的情况下,一般来说,一个人在任何大型的英语考试中得不到高分,是因为英语水平不够好,唯一需要做的是提高水平,而不是关注分数。应试跟英语水平的提高是正相关的。不存在英语水平高、考试分数低的情况。

一定记得,有多少水平就一定能考出多少分,我们不可能在不提高英语水平的情况下去提高分数。试图通过临时抱佛脚提高分数是不可能的,这种想法本身就是对考试命题专家的一种轻视。所以提高孩子的英语水平,归根结底要回到一点上:大量的输入,一头扎进英语的海洋。

我初中的时候,完全没有用过学校用的教材,中考前也没有专门备考,但是我当时中考英语是满分,就是因为平时我用别人研究考试技巧的时间,进行了大量英文阅读,听了不少英文材料,积累了足够的输入量，结果，完全没有刷题的情况下也考了满分。

我自己教大学生，会发现很多情况下，一个学生的英语水平在他上大学之前其实已经有基本的面貌了。所以，假设孩子能够用我们说的自然习得的方法，他的英语就能够在十八岁之前接近母语水平。无论是走出国路线，考托福、雅思、SAT，还是走传统的路线，从小升初，中高考，一直到后面的四六级、考研，都可以用一样的方法，获得很好的结果。

顺便说一下，很多时候学校里期中、期末和单元测试的试卷，要么是针对一些非常具体的、细碎的知识点，要么命题水平比较有限，不是总能特别客观地衡量孩子的水平。建议大家看淡这样的考试。孩子最终需要的是在大考中取得好的分数，而不是在某一次测试中考好。

当然了，在切实提高英语水平的基础上，孩子应对学校的测试以及中高考这样的升学考试还是有一些策略的。

考试第一部分通常是听力。要考好听力题，最重要的还是平时一定要大量听英文。如果孩子平时能无字幕地看各种英文视频，考试时听力题就是小菜一碟。

在提升英语实际水平之外，听力考试时要避免出现两种情况：一是因为分神错过答案，二是忘记听到的要点。解决这两个问题非常好的一个方法就是做笔记。

首先，答题时做笔记可以帮助孩子在考试时集中注意力。做的笔记不一定都会用到，但做笔记的过程可以让孩子专注于正在听的内容。此外，可以在考试录音播放之前看一遍题目，圈出题目中的关键词。这样等到开始放录音的时候，根据播放内容，差不多就知道接下去的要点是什么。

和听力题一样，做阅读题靠的也是孩子真实的英语能力。所以孩子如果想要比较轻松地应对阅读题，首先平时要大量阅读。尤其对中学生来说，阅读外刊是准备考试很好的方法。

此外，做笔记和标记也是应对阅读题的好方法。通过下划线、画圈、标数字等方式划分文章结构，标出关联词和重要概念，可以迅速看出文章结构和大致内容，便于定位关键信息。即使不认得文章或是题干中的某些词，通过标划重点语句和结构，孩子也会知道文章涉及的重要概念以及这些概念之间的关系。

学校的测试中有时还会出现词汇选择和填空题。孩子如果只通过背单词、学语法去准备，会非常疲惫，效果也不好。家长还是要帮助孩子输入。通过听和阅读培养起语感之后，孩子根本就不需要思考题目考的是什么成分、什么结构，需要填哪个词，而会本能地选出正确答案。

中高考对英文写作的要求都不高，字数也不是很多。但孩子在开始写之前，特别是开始写议论文之前，可以先想一下文章结构，大致想好第一段、最后一段以及中间几段的第一句话。这样可以确保文章的逻辑清晰。另外，写作中不要一味地使用长难句，一定要注意长短句结合。太长的句子容易出现错误，重点不明确，也比较难读。

总而言之，一定要记得，重点是提高英语水平本身，而不是去担心、纠结、过度研究某个考试，这才是以不变应万变的方式。

五、听写：强化突击的好方法

有时候，孩子学习时间紧、与同学差距大，可能需要比较强力的输入，才能在短期内迅速提升水平，应对各种考试。

我们这里就讲一个非常有用的提升英语水平的方法：听写。

听写是短期内迅速提高语言水平的一个好方法，见效很快，尤其适合需要在考试中提高分数的孩子，因为听写会"强迫"孩子进行高强度输入。所以要想在考前集中进行输入，听写是一个比较好的方法。

家长可以给孩子听写一些难度恰当的、带原版音频的英语文章。这样的材料也非常容易找到，可以在网上书店或实体书店找附带MP3音频的英语文章的书，或者去网上找带有文字材料的音频，甚至用《新概念英语》等带音频的教材也可以。

我建议的听写方式是每次听一篇，边听边逐字写下听到的所有内容，然后再对照原文听。一般来说，第一遍可以先按正常速度听，听出大意后，第二遍听一句暂停一下，把听到的每句写出来，再听第三遍的时候可以检查一下。听写完把自己写的跟答案仔细核对一下，看看哪里写错了。同时，还可以把听写的音频当背景音，没事就反复播放。这个过程可以很好地强化输入的内容，对提升语言精确度非常有帮助。

听写的材料要足够简单。听写的时候可以放慢一点，没听清楚的地方也可以多听几遍。如果还想更进一步，可以把听写的正确答案用比较大的字号打印出来贴在家里的墙上，没事就瞄两眼。

听写对写作也有帮助，因为孩子可以把听写过的文章中的句子和表达都印在脑中，很容易用在考试中。

但听写比较累，适合时间确实比较紧张、需要短期内提高的孩子，且需要有一定的学习毅力，家长平时不一定要求孩子这么做。即使考前需要听写时，也建议让孩子找自己觉得有趣的材料。

前些年，有一个朋友过来咨询我。她的孩子高三，离高考只有半年了，英语考试一直不及格，英语只能说"Hi"，再复杂一点就完全听不懂，也不会说。这种情况说实话还是比较难办的。当时我觉得他反正也快高考了，就死马当活马医，建议他进行非常强力的密集型输入，按前面说的方法每天听写，写完就播放听写的音频。经过这样的密集输入，半年之后高考，满分 150 分，他考了差不多 130 分。我当时都有点意外。可见，用科学原理学习英语的孩子，往往会得到让人非常惊讶的提升。

科学的方法才是最快的方法，什么年龄开始都不迟。

六、英文输入材料的选择原则

（一）用网络资源创造外语环境

现在是网络时代，资源极其丰富，输入材料非常好找。结合各种各样的网络多媒体，完全可以给孩子打造一个双语的习得环境，用大量有趣的英语音视频，就可以让孩子完全浸泡在语言环境中。

大家总觉得不知道找什么材料才好，需要别人推荐。但是有时推荐的材料是不准的，而网络的算法会自动给你更准确的推荐。获得可理解性输入材料最简单的方法，就是在平时常用的 App 里面搜孩子感兴趣的、跟英文相关的内容，总能找到合适的材料。

现在网络资源很多，随便上个视频网站搜索就可以。举个例子，假如孩子特别喜欢乐高，那么只要在平台上搜"Lego"，算法就会给你推荐相关的视频，并且源源不断地推送给你。孩子如果喜欢漫威，你就搜"Marvel"，诸如此类。

我建议让大数据负责提供选项，让孩子最终做决定。孩子的兴趣一旦被调动起来，他自己会去主动找材料。假如材料是你找给他的，他会有一种"我妈妈让我学的，我不得不学"的感觉，这跟"我觉得好玩，我想学"的状态是不一样的。就应该自己找觉得有意思的内容，自己去听和看。

可以到任何视频网站或 App 上搜索孩子感兴趣的东西。尽管让孩子去选，他肯定会选出他自己愿意看的材料的。要是怕有限制级的内容，家长可以开启 App 的儿童模式。

资料在网络时代是最不稀缺的。大家在淘宝、京东、当当等各种主要的买书电商平台上，都可以买到海量的英文书籍，随意搜几本英语读物，大数据马上就会推荐更多。去搜索孩子的英文绘本或者孩子的英文书，它会给你推送很多类似的资料。家长可以让孩子一起来看一看有没有他喜欢的。店家一般也会赠送书籍的配套朗读音频，这样听和阅读的材料就都有了。这些平台上有不少专门售卖英文原版书的店家，商品一般都还比较全，可以在店铺中仔细挑选。

现在很多网购平台也可以无理由退货，大家买的书拿到手不喜欢也可以退了，不损坏就行。当然更好的选择是把孩子带到书店里去，孩子可以直接去现场看、选。

（二）材料难度

最好的可理解性输入，就是听和看有意思而且听得懂的英语内容。

首先，**材料要有趣**。克拉申特别强调，输入的内容首先一定要有趣，要足够吸引人。学语言基本上只有两个变量，一是输入量，二是输入时的动机和态度，即心情。所以，学英文的时候，如果看的东西很无聊，做的事情很无聊，心情不好，真的会一点都学不进去。

其次，**材料的难度要适当**。材料难度的衡量标准，就是听下来之后明白材料大致讲了什么意思。孩子如果一点都听不懂，这个材料就是噪音，也就没有效果了。所以一定要听符合孩子水平的材料，在兴趣同等的情况下，宁可选择更简单的材料。比较有效的输入材料要同时满足可理解和有趣这两个条件，缺一不可。如果材料比孩子现有的水平难度高太多，孩子完全听不懂或者听懂的部分太少，学习效果可能会打折扣。

谈到阅读，不要读难度完全超出自己能力的书。为什么有的人读一页英文书会查几十个单词，就是因为选的书太难了。一旦强迫自己硬着头皮读这样的书，阅读兴趣和愉悦感就完全被破坏了。同样，读书的时候千万不要沉迷于查单词。阅读时查单词非常破坏阅读体验，会把读到的每个句子都拆解成不具备意义的片段，让人很难形成对语言的完整感觉。比如，现在给你一本瑞典语的书，再给你一本瑞典语字典，你一个一个查词，也能知道是什么意思，也能大致读下来，但因为没有吸收完整的句子，很难形成对这门语言的完整感觉。

如果孩子不查字典就觉得书太难了，那就换一本简单一些的书。

大一点的孩子理论上说也可以先看一本书的中文版，再看英文原版，因为这样会更容易理解。但是有的孩子看了中文版之后就不会看英文版了，因此也要灵活地把握。如果要先看中文，我建议挑那种孩子极其感兴趣的书。比如有孩子特别喜欢中文版《哈利·波特》，看过之后再去看英文的《哈利·波特》，就会很有兴趣。

很多时候，家长不是担心材料难，而是担心材料简单，好像觉得材料里没有生词，就学不到东西，就不让孩子学了。

其实任何看似简单的材料都有"i+1"的成分。"i+1"这个概念

更多的是提醒我们不要给孩子输入他们不理解的内容，不代表不能输入简单的内容。最简单的英语材料都可以让孩子学到东西，完整地输入英文句子，而每一次输入都会让孩子对语言更有感觉。就算是对我来说，最简单的英语材料也能让我学到东西，无论是让发音更地道，还是让语言内化程度更高。举个例子，我每次去看《小猪佩奇》都能提升英语水平。所以不要觉得材料太简单。

只要没有被大人的学习焦虑洗脑，孩子是不会嫌弃材料简单的。他们可能会觉得内容幼稚，但绝对不会觉得语言太简单。另一方面，如果孩子对难的材料感兴趣，家长也不要因为看起来很难就担忧孩子没法理解。

不要纠结什么 AR 分级，不要整天给孩子测蓝思值。给书的语言难度进行分级的标准是电脑计算的。人不是机器，词难一点、句子长一点，孩子并不是一定不能读。孩子选择的一定是他喜欢的材料，是从结合了难度和兴趣点的角度，最适合他自己目前阶段的材料，这是大脑的一个非常复杂的运算过程的结果，远超任何测试或者推荐书单。

只要孩子对内容感兴趣，主观体验好，就是适合孩子的材料。

（三）依照孩子的爱好和主观感受选择材料

学习动机会在很大程度上影响学习的效率和效果，而孩子语言习得的动机基本上只来自对材料的兴趣。

让孩子把英语变成爱好的最简单的方法,就是听的和读的英语材料都涉及他们感兴趣的内容,让英语成为孩子享受自己爱好的途径。

孩子如果有某一方面的爱好,这个爱好就是非常好的学习切入点。 孩子如果对游戏感兴趣,就可以看大量与游戏相关的英文书籍、节目,听相关的音频,浏览相关的网站和资料。孩子如果对体育感兴趣,比如喜欢篮球,就可以看原版的 NBA 解说。体育解说语速非常快,如果孩子能听懂,那么听力以及整体的英语水平都不是问题。再比如孩子对乐高、漫威之类感兴趣,这些也都会是非常好的切入点。如果孩子对任何东西感兴趣,家长就给他们机会去海量地吸收相关主题的英文材料。

假如孩子觉得某个剧很有趣,或者某个网站很有趣,自然就会开始语言习得的过程。很多人强迫孩子听很多英语课文,但是如果孩子觉得课文很无聊,听的过程是非常低效的。家长不如让孩子去看喜欢的动画片、视频等,所选内容一定得对孩子的胃口。

所以要真正学起英语来,最重要的一点就是要把英语变成爱好,而不是应试的手段。这样你会发现,孩子的英语一下就由贫困阶段进入了小康甚至富裕阶段。一旦走上了这条路,无论是词汇积累,还是听力、口语,水平的提高都会是顺理成章的。

家长和孩子如果整天想着学英语,会很痛苦,也学不好。忘了学英语,把英语当作娱乐或是学习知识、获得信息的渠道时,英语水平就会成为一个特别好的副产品。孩子只要对他们吸收的材料感兴趣，就会自然而然地内化，进而掌握这门语言。当一个孩子沉浸在一种有大量有趣的音频、视频、书籍的语言环境中时，会自动吸收语言，不用把这个过程当作学习语言的过程。

小宝宝在学说话的时候会听到大人说很多话，但是那些跟他们的生活和兴趣无关的东西很容易被自动屏蔽。孩子最开始说的话也往往都是和自己的需求、关心的东西相关的。语言习得也一定是和兴趣有关的。

这里，我再举一个学中文的例子。

美国有很多华人移民的孩子是不会说中文的，或者说得非常差。他们就算可以听懂一些中文，也没法用中文顺畅地交流，虽然父母跟他们说中文，但是他们会习惯性地用英文回答父母。造成这种普遍现象的因素很多，其中一点是他们对语言文化的认同感，但最重要的就是他们是否用自然习得的方法学中文，有没有足够的可理解性输入。

克拉申研究了一些美国的第二代韩国移民的韩语能力，发现可以通过四个变量预测第二代韩国移民的韩语水平，第一个是父母使用韩语的频率，第二个是他们是否有到韩国旅行的经历，第三个是他们是否有很多时间看韩语电视，第四个是他们是否会花时间阅读韩语书籍。这四点本质上都是自然习得，都是可理解性输入。这项研究也体现出语言水平跟是否去上相关语言的课程没有任何关系。

我认识的外籍华人中只有极少数可以像母语一样掌握中文，他们的共同特点就是对中国文化有着非常强烈的热爱，会大量输入中文。我的一个加州华裔朋友，中文说得很好，她从小跟着家长看金庸的武侠片，特别感兴趣，后来就开始看金庸的小说。结果她的中文完全不逊于中国人。

我还有个中学同学非常不爱学习，上课也不听讲，但是他语文考试的文言文部分永远是满分。那个时候还没有智能手机，他分神的方法就是一边上课一边偷看小说，看的大都是古典侠义小说。通过看这些小说，他有了大量的文言文输入，所以文言文水平很高，考试也因此考得高。从这个同学的例子也可以看出，凭兴趣直接一头扎进真实的语言材料，可以自然获得文言文能力。

中国孩子学英语也是一样的道理。**最好的英语学习方法就是用英语娱乐**。学英语是个潜意识的过程，用意识去学、记一大堆规则根本不是在提高英语，因为没有进行有效输入。但是，当孩子对动画片、电影或美剧感兴趣的时候，他想看哪本书、想听哪首歌的时候，就去看、去听，这样英语反而会提高。

我曾经发过一条微博，有人留了一条很棒的评论：学渣背单词，学霸背歌词。背单词和背歌词的人，至少英语学习的面貌是完全不一样的，而据我所知，几乎所有能开口说标准英语的人，都有看英文剧、电影、英文书、英文社交媒体的习惯。

只有有效输入才是有效的学英语。无论听音频还是看视频，只有把英语当作娱乐，才能最好地提高英语水平。输入特别喜欢的内容时，孩子根本就不会觉得自己在学习，只是被这些内容反复洗脑，脑海中循环往复回响的都是喜欢的台词，日积月累，英文水平就会大大提高。

克拉申认为，"心流"就是语言学习的理想状态。浸泡在感兴趣的书和影视作品中时，孩子就会进入**心流状态**。在孩子完全沉浸在材料中时，他就意识不到时间的流逝，也不会把吸收语言当作学习，甚至会忘记自己在读的是另外一种语言。经过这样的输入，语言习得会自然发生。

所以，克拉申非常强调要**输入自己选择的材料**。老师的一个重要作用，就是在学生水平还比较低的时候，指导他们自主地挑一些简单的、感兴趣的内容。但最终还是要学生自己挑材料，因为只有自己选择的材料，才能有更好的输入效果。

透彻理解了语言学习原理之后，我们就应该记住任何规定的、必备的材料都不可取。千万不要看老师推荐什么、自媒体推荐什么，就一定要让孩子看和听什么，这是严重的刻舟求剑、削足适履。每个孩子的兴趣、心智和性格都不一样，他们会根据自己的兴趣挑合适的材料。比如我自己，我小学一年级就爱看《中国通史》，这对很多孩子来说是完全不现实的。

家长要尊重每个孩子的节奏，要仔细观察并体会，辅助孩子寻找资源，孩子自己是主导，他的兴趣和主观体验是选择材料的唯一标准。只要孩子看得下去，那就是合适的。

英文中有无穷无尽、极其有趣的材料，正常情况下，孩子一定会找到自己喜欢的内容进行大量输入。这个过程中，只要父母不干扰、不干涉、不焦虑，就一定会有好的结果。这个过程如果出了问题，一定是父母、老师的问题，请反思，并且该闭嘴闭嘴，该退后退后。

除了强大的自然理解能力，一些孩子会很喜欢重复听或看同一个材料。成年人可能不喜欢重复听一个东西，但是有很多孩子会喜欢重复听，这其实也是有利于语言习得的，家长要尊重孩子的这种特点。比如有的孩子就喜欢《哈利·波特》，永远只听《哈利·波特》，只看《哈利·波特》，家长就开始担心了。其实这有什么好担心的？只要孩子愿意输入就是很好的。有的孩子看过一个材料就不想再看了，要换新的，那家长也要尊重他，千万不要影响孩子的判断。一切都尊重孩子的兴趣。

七、经典英文听读材料推荐清单

接下来，我会列举一些常见的、经典的英文材料。但是，一定要注意，我推荐的所有材料都只是给大家举例子，千万不要照着我说的强行给孩子布置。为什么很多时候我其实不愿意推荐材料，就是害怕家长照着葫芦画瓢。尤其是有一些博主、老师说几岁一定要读什么，几年级要读什么，要先读什么再读什么，好像不读这个就是大逆不道，千万不要这样。选取材料唯一的标准就是孩子的兴趣，千万不要规定孩子"应该"读什么、听什么、看什么。

（一）音频视频材料

动画片

现在给孩子找动画片，渠道太丰富了。无论是去购物网站上购买，去各种视频平台看，还是直接让智能电视等设备推送，选择都非常多。其实也有很多很适合孩子的国外 App 和视频平台，都有专门给孩子的版本。也可以打开儿童模式，里面所有内容都是适合孩子的，可以放心给孩子播放，非常方便。

看动画片存在一个字幕的问题。比较小的孩子本来就不识字，有没有字幕也没有什么区别。对没有开始进行课堂英语学习的孩子来说，有英文字幕的动画片不仅不会影响听，反而能够帮助他们识字，建立声音和文字的对应关系。所以有英文字幕的动画片并没有特别大的危害。

一般来说，尽量不要看带中文字幕的动画片。假如孩子大了，认识大量的汉字了，他们看中文字幕的动画片可能就会变成阅读中文字幕的过程，容易养成依赖性，不注意听英文。但是输入过程中不必完全排斥中文。看过中文再去听英文也是可以的。一些配有少量中文的英文节目也可以帮助孩子进行英文输入，因为中文可以帮助他们把英语声音变得更易理解。

只要孩子愿意看动画片，不依赖中文字幕，动画片对他来说就是有意义的可理解性输入。不要用成年人关注单词、句型的思路来衡量孩子能不能理解材料。孩子如果可以借助画面很有兴趣地看英文视频，就意味着视频对孩子来说是有意义的输入。

入门阶段的动画片，有人选择看《玛泽的故事》（*Muzzy in Gondoland*，也称 *Big Muzzy*），也有人看《小猪佩奇》（*Peppa Pig*）或《小兔麦斯和露比》（*Max & Ruby*）。《玛泽的故事》还比较适合英语零基础的孩子，《小猪佩奇》不算最简单，但是无论选什么，都要看孩子的兴趣。

我接触的孩子特别喜欢的动画片包括《怪诞小镇》（*Gravity Falls*）、《喧闹一家亲》（*The Loud House*）、《数字积木》（*Numberblocks*）、《蓝色小考拉》（*Penelope*）、《亚克迪》（*Yakka Dee*）、《小小羊提米》（*Timmy Time*）、《赛车总动员》（*Cars*）、《小马宝莉》（*My Little Pony*）、《朱尼·琼斯》（*Junie B. Jones*）、《了不起的狐狸爸爸》（*Fantastic Mr. Fox*）、《查理和罗拉》（*Charlie and Lola*）、《布鲁伊》（*Bluey*）以及《好奇的乔治》（*Curious George*）等。这几年比较流行的还有《海底小纵队》（*Octonauts*）和《汪汪队立大功》（*PAW Patrol*）。这些都比较符合孩子的兴趣点。

如果能看到国外的儿童电视节目，这也是比较好的，比如英国的 BBC、美国的 PBS 都有专门给孩子的频道，迪士尼也有给孩子的频道。迪士尼、梦工厂、皮克斯的动画片和电影都非常推荐，可以给孩子大量看。很多孩子会喜欢《驯龙高手》（*How to Train Your Dragon*）、《怪兽大学》（*Monsters University*）、《降世神通》、《万物运转的秘密》（*The Way Things Work*）、《玩具总动员》（*Toy Story*）、《疯狂动物城》（*Zootopia*）以及《冰雪奇缘》（*Frozen*）等，太多了。迪士尼的所有动画片都还挺适合孩子的，不过一般来说难度会稍微大一点，所以有一点基础之后再看可能会更适合。作为补充，也可以带孩子去迪士尼乐园，进一步激发兴趣。

知识及演讲类视频

对稍微大一点的孩子来说，TED 演讲很好，内容非常丰富。TED 专门开发了一套视频系列"TED-Ed"，都是非常棒的知识类视频，很有意思，内容也不难，坚持看或者听就可以学很多学科知识，也顺便提升了英文。

美　剧

有一定英语基础的孩子也可以开始看一些美剧。美剧的语言密度很大，可以为孩子提供强力的英语输入。情景喜剧是最理想的。情景喜剧跟演小品似的，剧中演员不停说话，学英语的效率比较高。

有人认为，大多数美剧不适合未成年人，尤其是青春期的孩子看。其实也有比较适合的。很久以前曾经有一部美剧叫《成长的烦恼》（*Growing Pains*），有的家长在年轻的时候可能就看过，现在有点陈旧了，但内容很不错。前些年还有一部比较有名的美剧叫《汉娜·蒙塔娜》（*Hannah Montana*），也是青少年题材的。成年人题材的美剧内容可能不是特别适合青春期以前的孩子。

和看动画片一样，最好也不要看带中文字幕的美剧，因为那样的话孩子往往只是在进行中文阅读。最好能不看字幕，这样做不到的话可以看英文字幕，再做不到可以看双语字幕，如果实在还是做不到，孩子可以先短暂地从看中文字幕做起，看完之后还是当作背景音听。

（二）书籍类材料

首先说一点，这里推荐的所有阅读书籍，只要能够找到配套音频的，都建议多多地听。听觉输入比视觉输入要更重要一些。

童书出版社

美国最大的教育出版社学乐出版社（Scholastic）出了无数孩子阅读的材料，质量都比较有保证，所以实在不会辨别的话可以参考它出的书。它出过大量适合儿童和青少年的书，比如《神奇校车》（*The Magic School Bus*）、《老鼠记者》（*Geronimo Stilton*），它也有《哈利·波特》的版权。

其他一些比较大的出版社也可以，比如企鹅兰登书屋（Penguin Random House）、培生（Pearson）、西蒙与舒斯特（Simon & Schuster）也出过一些童书。但是大家认准学乐和之前提到的 DK 这两家出版社，基本上就够用了。

漫　画

克拉申特别喜欢看漫画书，认为漫画书也是一种提高英语的好材料。他也引用了很多研究，证明漫画也能提升阅读能力和词汇量，也是一个非常好的提升母语水平或者外语水平的方式。所以如果孩子喜欢看漫画，家长可以多给他们买一点。

有的孩子特别喜欢漫威系列，比如《钢铁侠》（*Iron Man*）、《美国队长》（*Captain America*）等。还有一些内容比较深的漫画，比如《美生中国人》（*American Born Chinese*）、《鼠族》（*Maus*）等，都是很经典的。

分级读物

分级阅读也是比较好的方法，因为分级读物的难度有阶梯性。克拉申特别喜欢分级读物。分级读物的特点是很好地控制了输入材料的难度，使学习者不至于觉得材料太难，同时保留了材料的趣味；在内容有意思的前提下，把语言难度控制在比较低的水平。

只要孩子不觉得无聊，分级读物的音频也好，书也好，都是适合孩子的。每家大出版社都有大量的分级读物，每个原版英文书网店也都会推荐大量的分级读物，随便让孩子选就可以了。

"牛津阅读树"就是一个很好的分级系列，并推出了很多子系列，例如《典范英语》就是一个相关系列。尤斯伯恩（Usborne）出版社有一套《我的第一个图书馆》（*My First Reading Library*），也很不错。除此之外，还有《我会自己读》（*I Can Read*）、"丽声"系列、"黑布林"系列、《从 A 读到 Z》（*Reading A to Z*）等，都是适合孩子的分级读物。《轻松英语名作欣赏》《萤火虫世界经典童话读本》等也可以参考。

牛津的"书虫"系列是分级读物经典中的经典，非常推荐。它从相对很简单的级别开始，所选的都是人类最经典、最有养分的书籍，同时也有配套的朗读版音频。小学高年级以上，尤其是中学生，阅读牛津的"书虫"系列就非常适合。孩子可以从最基础的级别开始，要是能够听完、看完整套"书虫"，不仅英语水平会提升很多，还会吸收大量名著的养分，获得宝贵的财富。如果可能，我会推荐中学生把全套"书虫"都"啃"下来，无论听还是阅读，都会非常有帮助。

桥梁书与章节书

很多人说阅读要先读分级读物，再读桥梁书，再读章节书，其实也并没有一定之规，还是看孩子的兴趣。

分级读物有系列，章节书也有系列。

有一套《神奇校车》，既有动画片又有书，涉及各种百科知识，很有趣，内容也很生动。《棚车少年》(*The Boxcar Children*) 也是一个很大的系列，适合孩子听和阅读。还有例如《疯狂学校》(*My Weird School*)、《神奇树屋》(*Magic Tree House*) 等，这些都很好。《少女侦探简森》(*Cam Jansen*) 系列讲的是小女孩做侦探的故事，据我的经验，很多孩子会比较喜欢。

我尤其推荐《老鼠记者》。这套书有一个比较有意思的地方，就是它会把生词用特别大的字体画出来。这对孩子的视觉刺激比较强，容易让他们把单词的拼写看得眼熟一点。

以上读物很多是成套的，所以家长给孩子听或者看其中的一本后，他们可能就会想把一套全都看下来、听下来，这个输入量就会非常大了。

经典的儿童系列读物还有《哈利·波特》系列和《纳尼亚传奇》

系列。一些喜欢它们的孩子可以一遍一遍地反复听，听个几百遍还停不下来。只要能够吃透这些东西，英语根本就不在话下。

《纳尼亚传奇》的作者刘易斯（C. S. Lewis）有个好朋友托尔金（J. R. R. Tolkien），他写过最有名的《指环王》（*The Lord of the Rings*）和《霍比特人》（*The Hobbit*），难度比《纳尼亚传奇》高。年龄大一点的、水平高一点的孩子就可以适当选用，也可以看完电影再看书。

根据我的经验，一般来说，罗尔德·达尔（Roald Dahl）的书比较受孩子欢迎。还有《小屁孩日记》（*Diary of a Wimpy Kid*）和《鸡皮疙瘩》（*Goosebumps*）等，很多孩子都很喜欢，比较幽默有趣。还有的孩子会喜欢《冰与火之歌》（*A Song of Ice and Fire*）系列。《波西·杰克逊》（*Percy Jackson*）系列涉及很多文化背景，但是因为情节很有趣，也有很多孩子喜欢。

其他相对新一点的儿童文学和比较热门的、获奖的青少年读物还有《别有洞天》（*Holes*）、《天使雕像》（*From the Mixed-up Files of Mrs. Basil E. Frankweiler*）、《黑暗中的心愿》（*A Wish in the Dark*）、《当你困住一只老虎》（*When You Trap a Tiger*）、《数星星》（*Number the Stars*）、《奇迹男孩》（*Wonder*）、《时间的皱纹》（*A Wrinkle in Time*）、《怦然心动》（*Flipped*）、《记忆传授者》（*The Giver*）、《银河系漫游指南》（*The Hitchhiker's Guide to the Galaxy*）、《饥饿游戏》（*The Hunger Games*）、《手斧男孩》（*Hatchet*）、《安德的游戏》（*Ender's Game*）以及《深夜小狗神秘事件》（*The Curious Incident of the Dog in the Night-Time*）等。

经典儿童和青少年读物

我有一个美国的律师朋友,他十二岁的女儿看到自己的哥哥一个学期读了一百本书,就打算一定要超过他,后来她一个学期读了一百零一本。她读的这些书不是图画书,都是非常扎实的儿童和青少年文学经典。我拍了她书架的照片,很多书大家都认识,我来列一下部分书目:

《爱丽丝漫游奇境》(Alice's Adventures in Wonderland)、《小妇人》(Little Women)、《天使海蒂》(Heidi)、《格林童话》(Grimms' Fairy Tales)、《福尔摩斯探案集》(The Adventures of Sherlock Holmes)、《亚瑟王》(King Arthur)、《瑞士人罗宾逊一家》(Swiss Family Robinson)、《伊索寓言》(Aesop's Fables)、《荒野的呼唤》(The Call of the Wild)、《最后一个莫西干人》(The Last of the Mohicans)、《柳林风声》(The Wind in the Willows)、《丛林之书》(The Jungle Book)、《海底两万里》(Twenty Thousand Leagues Under the Sea)、《绿山墙的安妮》(Anne of Green Gables)、《金银岛》(Treasure Island)、《格列佛游记》(Gulliver's Travels)、《汤姆·索亚历险记》(The Adventures of Tom Sawyer)、《八十天环游地球》(Around the World in Eighty Days)、《匹诺曹》(Pinocchio)、《化身博士》(The Strange Case of Dr. Jekyll and Mr. Hyde)、《罗宾汉》(Robin Hood)、《弗兰肯斯坦》(Frankenstein)、《秘密花园》(The Secret Garden)、《黑骏马》(Black Beauty)、《哈克贝利·费恩历险记》(The Adventures of Huckleberry Finn)、《鲁滨逊漂流记》(Robinson

Crusoe)、《白牙》(*White Fang*)、《王子与贫儿》(*The Prince and the Pauper*)、《三个火枪手》(*The Three Musketeers*)、《雾都孤儿》(*Oliver Twist*)、《怪医杜立德》(*Doctor Dolittle*)、《彼得·潘》(*Peter Pan*)。

她的书目可以供大家参考。

家长还可以开始给孩子看 E·B·怀特（E. B. White）的几本书，也就是《夏洛的网》(*Charlotte's Web*)、《精灵鼠小弟》(*Stuart Little*)、《吹小号的天鹅》(*The Trumpet of the Swan*) 等，都是非常经典的作品。

英语国家原版教材

低年龄的孩子用英语吸收各种有趣的、好玩的材料，就可以达到母语的水平。而年龄大一点的孩子，除了这些，还可以用英语学各种学科。孩子如果去看关于自然科学、历史地理、社会文化的英文视频和音频材料，就不仅能够不知不觉地大幅提升英文水平，也能够提升知识面和眼界，得到全方面发展。

如果孩子的英语不是零基础，就可以给他们看一些英语国家的非语言教材，不是那种教外国人学语言的教材，而是教本国孩子的教材。无论是科学、自然、地理、历史、手工，还是英文阅读的教材等，都可以。DK 也有系列教材，家长也可以选用。这些教材大多数都编得非常有人文精神，很能滋养孩子的心灵。

八、如何鉴别市面上的课程、培训班及英语学习产品？

培训班完全不是学英语所必需的。

传统的课堂并不是习得第二语言的理想场景，不能提供可理解性输入，有时甚至只能提供错误的输入。

课堂的常见问题包括：第一，课堂中的英文输入时间远远不够；第二，大量课堂甚至根本不提供输入，而是在讲解知识；第三，课堂上做的练习往往会让学生输入不标准的英语；第四，课堂上的语言纠正习惯反而会影响习得语言的心理状态。

克拉申的观点是，课堂教学或者系统化的教学，对提高学生的母语或者外语能力都没有什么作用。在课堂上讲解大量的知识和规则是没有用的，很多老师花了大量时间在课堂上教词句、语法规则、阅读方法，基本上是浪费时间，远不如让学生自由阅读的成效更突出。只有可理解性输入才有用。

所有认为英语学习一定要报培训班、上英语课、学指定教材的说法，大家都可以忽视。孩子学英语并不一定需要上培训班。语言又不是靠讲解讲会的。老师上课与其给孩子讲课，不如给孩子放动画片，效果还更好。

市面上大量的课程和培训班的学习方法是不科学的，孩子学起来也会很无聊。很多英语培训机构的课程讲了很多单词、语法，却不提升孩子的英语水平。

我身边有很多这种例子。一些孩子去培训机构学英语，教材中单词密密麻麻，孩子不喜欢，对英语非常反感，结果才上三四年级，英语考试就只能考四五十分。

很多学校的老师或培训机构的老师为了显示自己的重要性，就会把简单的东西搞得复杂。事实上，去上十个小时的英语课，学到的东西会远远少于看十个小时英文视频，或者读十个小时英文书。

更何况，还有不少英语老师的英语表达并不标准，而孩子又是具有强大语言吸收能力的"天才"。在这种情况下，孩子如果被这些不合格的老师误导，实在是一种令人悲哀的状况。

我们说过，任何有意识地进行语言知识的学习都不能提高英语水平，然而大多数培训机构就在做这些事情。

虽然我总体认为，孩子根本不用去上什么英语培训班，但有的时候，培训班或课程也并不是完全一无是处。孩子参与这些学习过程的意义主要有两点。

第一，无论是网络课程还是线下培训班，更多的是起到效率管理的作用。不是每个人都有很强的自我管理和规划能力的，孩子的这些意识又比成年人更弱。如果没有一个外在的老师、课程帮助孩子规划好时间，孩子可能不知不觉就会走神，注意力也会分散。

第二，课程和培训班里会有同学，孩子会结识很多小伙伴。这样的学习共同体，很大程度上会增强孩子的学习动机和动力。

我们反复强调，兴趣和动机是孩子学英语过程中的重点。所以除了输入的内容要有趣之外，能够有其他小伙伴一同学习，会增强孩子对学习的兴趣，使他们可以用英语表达自己的思想、情感、需要，吸收各种有趣的信息，打开各种有趣的世界，了解各种有趣的生活，让孩子觉得英语这门语言是有意义的。

这两个作用都是心理上的作用，可以帮助孩子有更好的学习心态、学习效率。

如果想通过课程和培训班来提高孩子的英语，一定要做好鉴别。

一个好的、有效的英语课程中，老师需要做的最关键的事情是：第一，挑选出合适的材料让孩子进行输入；第二，讲得有趣，让孩子觉得这个内容是他们想输入的；第三，让这个材料变得可理解；第四，提供输入本身。这四点是必不可少的，是衡量任何课程的标准。有的老师前三点都做到了，但是不提供输入，可能只是自己念英语给学生听，念得也不是特别标准，就相当于把开胃菜都上完了，结果正餐不做了。

克拉申认为，理想的外语课应该提供一个焦虑感非常低的、非常放松的场景，给学生足够的可理解性输入，能够让孩子把一段材料真正地弄懂，并且产生兴趣。而孩子输入这样可理解又感兴趣的内容，效果会非常好。

我以前是不认同任何课程的，后来在实践中渐渐发现，有了一些讲解、一些趣味性的引导之后，孩子更能够听下去。当老师用比较有意思的方式，先跟孩子讲这个材料说的是什么，让孩子对材料产生兴趣后，再让孩子进行输入，可以让语言输入效果更好。

遗憾的是，大多数培训机构、课程、产品等都没有这样做。这也就是为什么很多孩子几岁就开始学英语，学到二三十岁，水平还没有过关。一个课程一旦无聊了，肯定是无效的。

如果一个课程只是讲解很多东西，却并没有让孩子进行输入，这个课程也是无效的。只有当材料变得可理解并且有趣之后进行强力输入，英语课程才会非常高效。老师如果给了一个阅读材料，比如让孩子读一本书，然后在课堂上大家一起讨论，那么这个讨论的过程会让孩子更有动力去阅读，就会形成一个良性循环。

我一个朋友的孩子读国际学校的时候，外教推荐了很多小说，让学生们每天读多少页，然后大家在课上一起分享，这样的效果就非常好。

很多家长会去培训机构给孩子找外教上英语课，但是效果好的不多。

能够跟英语国家的人对话，确实可以提高孩子对英语的兴趣，让他觉得学的这个东西跟他有关，是一门真人会用的、人和人沟通的语言。但是持久的语言输入才能够提高孩子的英语水平。如果孩子每周只是上一次外教课，这样输入英语的时间一定是不够的。此外，外教如果只是跟孩子聊天，可能还好一点，如果试图对孩子进行教学，就容易有问题。

有人问，要不要送孩子上国际学校或者双语幼儿园？这个问题要具体情况具体分析。首先要看学校或者幼儿园整体的氛围是不是孩子喜欢的，这是最重要的。同时，很多情况下，老师是外教，但是同学都是讲中文的中国人，和国内学校并没有质的区别。大家可以回忆一下自己的成长过程，很多时候我们学习的不是老师说的话，而是同学说的话。所以除非你让孩子出国上幼儿园、上小学，否则国际学校并不一定能真正营造母语环境，有时还不如自己用各种多媒体的方式效果好。

再来说产品。现在市面上有很多英语学习产品和各种 App，有的设计初衷是好的，但是非常无聊，也很难坚持。有的是给出几幅图，让用户选词，有的是进行各种通关游戏。用这些产品学英语，孩子的心神全都被打散了，可能一句完整的英语都没有听过。这样的方法不适用于长时间的学习，因为它不是一种自然的习得方法。在耳边放一个听着比较舒服的、可以长久聆听的声音，才是比较自然的方式。

所以，其实外语学习中，有音频、视频加上书本就足够了，不需要那么复杂的软件。只需要做一件事，就是可理解性输入。

要看一个学习方法是否真的能够提高语言水平，就看它是否接近孩子学母语的方法。我们讲了那么多理论，归根结底说的就是这点。

疑问解答

❓ 学龄前的孩子可以从每天放一个小时英文动画片开始启蒙吗？

▶▶ 可以的。但是因为要保护孩子的视力，同时又要确保输入时长，我的建议是先给孩子看动画片，再把看过的动画片当作背景音播放音频。

❓ 孩子两岁的时候我给他看过一年多《巧虎》光盘，里面有英文儿歌，现在觉得当时看屏幕看得早了。

▶▶ 一开始可以先纯听。

❓ 三岁的孩子需要上自然拼读课吗？

▶▶ 饶了孩子吧。

❓ 看不懂的动画片，我女儿就不愿意看了，这种情况有没有必要先把重点词汇拎出来讲讲，再让她看动画片，就是先帮孩子解释一下动画片的关键词，让她愿意看？

▶▶ 不要用这样的方式，因为这样的方式既烦琐，又容易影响兴趣。很多智能电视都可以调有英文动画片的台，而且视频网站也很容易就能找到各种动画片，你就一套套给她选，总有她喜欢看的动画片。动画片的好处是有图像，即使很多词听不懂，孩子也很快会结合图片看懂语境，猜出大致的意思。所以你让她挑自己喜欢的动画片就行。

? 我家二宝四岁半，看动画、听儿歌三个月了，有一天忽然蹦了一句英文儿歌里的句子。我也买了几套绘本，但他基本坚持不下来。

▶▶ 孩子常听的结果就是会非常自然地蹦英语。听三个月就能够开始蹦英语，这是非常了不起的。我们知道，小宝宝学母语的时候都得听一年多才能开始往外蹦最简单的词。

四岁孩子如果没有发展到能够安静地坐下来阅读的阶段，就不要强迫他读绘本。从能听懂英语开始，逐渐过渡到阅读。在孩子听不懂英语的情况下就阅读，是不科学的。

? 孩子目前五岁，我给他听儿歌和动画片进行英语启蒙。我想请教一下，把英语当成背景音来听，是用看过的材料当背景音听吗？孩子当天就看了一集动画片，但他不愿意反复听，喜欢听不一样的。

▶▶ 不一定一天都循环听当天的那一集。可以连着一集一集放孩子之前看过的动画片的音频，这样就能解决问题了。如果放的不是看过的动画片的音频，孩子就算盲听，可能会完全听不懂。但是如果稍微有一点基础，他又愿意听一些新的英文材料，那当然也没有问题。

❓ 目前孩子五岁，在看喜欢看的动画片时，遇到一些不太懂的英语，他会问一些问题，边看边问，解释明白了就不愿意重复观看了，这样算不算吸收效率低？

▶▶ 首先，孩子看动画片有问题，家长回答是可以的，但是如果孩子非常依赖问家长才能够看懂，这个动画片对他来说就难了，建议适当降低材料的难度。

其次，我从来没要求让孩子反复看动画片，那样会很无聊。我说的方法是把看过的动画片当背景音听。

❓ 我们家小朋友五岁半，寒假时学英语，我们每天只做一件事情，就是放他感兴趣的视频。视频主要是英文儿歌配相应内容的动画片，比如 *JoJo*。播放后问孩子，他经常理解错或者不理解，同时他又感兴趣，一般顺着给他放，他就一直往下听。这种做法和可理解性输入是不是有偏差？还需要再做些什么？

>> 你给五岁的孩子看中文的视频，他理解的东西也会跟你理解的不一样，因为他的认知水平不到位。他都已经感兴趣了，就说明他按照他的方法理解了。家长显然开始焦虑了，不要焦虑。唯一的建议是不要一整天给他放视频，对眼睛不好。听的比例要增加一点，每天稍微看一会儿就行了。然后继续这么做就可以了。

? 五岁半的小朋友喜欢听儿歌，现在每天只听儿歌。要不要找他感兴趣的非儿歌类动画片？

>> 第一，感兴趣的内容不是你找出来的，是他自己找出来的，你只负责给他提供材料。家长在孩子学习的过程中就好比餐厅的服务员，负责把菜单端上去，点菜是孩子自己的事情。

第二，儿歌当然有儿歌的好处。孩子肯定不会永远停留在儿歌阶段，他自然会想看有情节的东西，这也是本能。

所以不要担心，多给他一点选择就行了，就像多给他几本菜单，让他多挑一挑。

❓ 个人感觉《小猪佩奇》的英文版作为启蒙有点难，不知道老师怎么看？

▶▶ 要是单纯从词汇量的角度来说，它不像教材，因为它不是为了学英语而制作的。《小猪佩奇》本来是给英语国家的孩子看的动画片，并没有刻意的语言进阶的过程。但是只要孩子觉得有趣，即使一知半解也没有关系。与其去找一个最完美的语言进阶材料，不如让孩子选择他自己觉得最有趣的东西。一头扎在海洋里，孩子自然就能学会游泳。

❓ 孩子读英文书只看书后面的翻译，对英文几乎不闻不问，怎么引导？孩子现在三年级，很喜欢读中文书。英文启蒙略晚，二年级启蒙。目前每天听英文一个小时，已经坚持了半年，英语水平提高了不少。

▶▶ 你都已经说出正确的方法了。你看，孩子每天听一个小时英文，半年之后已经有不少提高了，那就继续这么做。他不想看英文，说明他的英文不够好，看英文对他来说是一个没有什么快乐的事情。还是听力优先，尤其是现在孩子的年龄也不是特别大。

对你说的这种情况，办法是不要买那种中英

文对照的书，不然孩子容易依赖中文。这个问题我们之前也说过，就是如果孩子对某些书比较感兴趣，比如《哈利·波特》，但是他看不懂英文，那么可以先看中文。我的建议是不要看那种同一本上中英对照的，因为在那种情况下很难只看英文，不看中文。如果是两本独立的书还是可以的，一本中文，一本英文，可以让孩子先把中文看完再来看英文，这样不会被中文干扰。

❓ 孩子一年级时开始用顾老师的方法进行英语学习，从简单的分级阅读开始，到现在十岁，四年级了，能裸听《棚车少年》和《神奇树屋》。看过中文版《纳尼亚传奇》之后，也能听英文版的。但孩子现在的问题是听得比较多，阅读比较少，如果直接给他章节书，他基本不看，不知道该如何引导。

▶▶ 十岁年龄不是特别大，不要着急。我一直强调，听比阅读更加重要。《棚车少年》和《神奇树屋》不算特别简单，孩子能够裸听这两个系列，说明听力水平已经非常不错了，所以不要担心。

如果孩子愿意听英文书但是不愿意看，绝对不要紧张，这是极其好的积累听力输入的方式。

如果孩子能坚持这么做，在听说上可以无限接近母语水平，阅读总归会有机会开始的。

一般来说，成年人在能选择听和看的时候会优先选择看，因为看的速度会更快，听会慢一点。所以在孩子还愿意多听的阶段，让他去多听，让他能够接近母语水平，不用担心他不愿意看书，他后面自然会过渡到听和看相结合的状态。

❓ 孩子小学五年级，平时根本不愿意听英语，也不看英文动画片。这怎么办？

▶▶ 为什么他会不愿意看英文动画片？十有八九是因为那些动画片是你当作任务布置给他的，他当然就不想看了。所以一定要让孩子自己选择。如果所有材料你都当作任务清单给孩子，他肯定不愿意听或者看。

❓ 孩子初一，他看不懂的文本需要跟他说一下核心大意再进行英文阅读吗？

▶▶ 都已经初一了，所有的内容还要给他讲一遍，这不是一个特别好的方式。你可以先给他简单一点的材料。我还是建议先从听做起，年龄大的孩子至少听和阅读同时进行，不要光看。

❓ 孩子已经初一了,单词量估计是 800～1000,爱读中文书,不太愿意读英文书,想让他养成阅读英文书的习惯。请问老师,哪些书籍适合这个阶段的孩子?

▶▶ 最好的方法是把他带到书店,让他自己选书。我之前讲过的一个方法就是你给孩子一笔钱,随便买任何英文书,这个选材的问题就迎刃而解了。

❓ 孩子现在读初三,英语考试的完形填空和十二选十是弱项,请问怎么提升?

▶▶ 这些题型的特点是,它们不是考察一个个具体的英语知识点的,所以通过刷题、学语法、抠单词的方法并不能解决问题,只能通过提高整体的英语水平,也就是要培养语感。语感就是真实的语言水平。只有提升真实的语言水平,才能够做好这些题,不然学再多英语知识,遇到这样的题目还是做不好。这就是为什么我们说即使从应试的角度,也必须用自然习得法。

❓ 教初中生时,是应该要求听力输入多一点,还是阅读

多一点？

>> 人类语言的正常发展都是以听为主，阅读后面才会跟上，所以可以听力优先。

❓ 孩子十四岁，八岁开始接触英语，现在几乎说不出英语。他学了《新概念英语》，也不肯读背。

>> 八岁开始接触英语，到现在十四岁，已经六年了。正常情况下，孩子接触六年英语不会是这样的水平，一定是方法不对。

我说过，读和背都是我认为非常不科学的英语方法。不肯读、不肯背是一个孩子保护自己语言本能的方式。英语不是这样学的，事实也证明了这样的效果是不好的。老师强制背《新概念英语》的方法往往会导致学生去强记，眼下记完了，以后还会忘。尤其是对着书念，记中文意思，一点用都没有。如果老师确实有要求，最好的方法是你每天给他在家里循环播放《新概念英语》的录音，听多了自然就会背了。

说一个具体的例子。我有个同事，她在车里给孩子播放一盘迪士尼英语故事，孩子特别爱听。放了几遍之后，孩子可以一字不落地全都背下来，她自己都做不到。孩子的记忆力是比大人要好一点的，这种在碎片时间进行循环播放的方式对孩子来说就是非常好的记忆过程。

但还是注意，孩子最好对播放的材料有一定的兴趣，又不是完全听不懂。完全不理解的输入是无效的，这样的材料对他来说很无聊，是噪声，他会自动屏蔽。

❓ 在应试教育的环境下，十四岁的孩子该如何学英语？

▶▶ 想要不提高英语水平而提高英语成绩是不可能的。所以这个问题唯一的答案就是怎么提高英语水平。那么最重要的就是尽可能不要花时间在做题上，保证每天平均能听一到两个小时的英语。大体的原则是这样，其他具体的方法得看孩子的情况，不好一概而论。

如果一个孩子在十四岁的时候已经可以非常娴熟地听整本的有声读物，另外一个孩子还在做 ABCD，这两个孩子很快就不是一种境界了。

❓ 有什么适合初中孩子的阅读材料吗？

▶▶ 其实不存在适合初中生的阅读材料，只存在适合你们家孩子阅读的材料，因为每个初中生的英语水平并不一样，你们家孩子的兴趣跟别的初中生也并不一样。如果硬要我推荐，我只能说，《哈利·波特》或者《纳尼亚传奇》是比较经典的。但是归根结底还是要看孩子本人的兴趣。

❓ 儿子高一，现在很抵触学英语。

▶▶ 强烈怀疑他是被传统的很无聊的英语学习方法搞得倒胃口了。首先要把方法拧回来，开始看、听他感兴趣的英语材料，不然他以后会越来越讨厌英语学习。同时也需要用一些高强度的方法迅速提高分数来增强自信心，比如听写。

❓ 孩子高一，有时候看到一些比较喜欢的话题的文章，意思顺完之后文本完全理解了，但在听的时候很多地方听不出来，因为这些阅读文章比《新概念英语》第二册会难一点。目前，这种难度的文章他想盲听但听不出来，是不是过几个月水平提高后再去盲听？

▶▶ 听力落后于阅读是一个不太理想的状态。这种情况我建议听赶紧跟上。这种难度的文章听不懂，说明之前听少了，先从简单的东西开始听起，尽快让听赶上阅读的水平，不然就不是母语习得的路径。正常的母语习得是不可能阅读水平高于听的水平的。一定先从简单的材料开始听，把听补上。

❓ 想帮高一的侄子问一下听写的注意事项。他前天测了雅思，听力 4.0，阅读 4.5。目前只练习听写雅思听力第一部分的句子，有两个问题。第一是有时候句子没听出来，他会用 0.75 倍速播放。如果句子有难度、有生词，孩子完整地听一遍后，说再听句子有时还是会比较困难，有的地方还是听不出来，听句子总想暂停几次。想问老师，是不是尽量一个句子完整地听，把整篇文章听完会好一点。第二是他听了三五遍之后总想看文本，频繁看文本，把听力变成阅读了，是不是不好？孩子还说他听的时候经常没法边听边理解。这些情况怎么处理比较好？

▶▶ 很显然，孩子听写的材料对他来说太难了。我建议从简单一点的东西听起，从那种有录音、有文章的材料开始听写。你可以在网上搜那种单篇的，比较有趣又附带音频的英文材料。实在不知道听写什么就听写《新概念英语》之类的教材。

❓ 孩子读高二，学校老师整天就让他背单词、词组，做

阅读题，孩子也学不进去，不知道该如何引导他。

▶▶ 我们之前说了，从可理解性输入做起。针对高二这种具体的情况，我估计孩子的英语水平也不算特别好。但是他学到现在这么多年了，可能也不是完全零基础。一方面，先从听课文录音做起，这样课内的内容至少能够比较容易追上。另一方面，赶紧开始看和听有意思的英文材料，尽快一头扎进英文世界里，不要觉得很费时间。其实稍微花点时间，用那么一两个月，孩子跟英语的关系就会很不一样了。倒不是说水平能马上就提高很多，但是他会对输入英文有兴趣。如果比较着急，用我说的听写的方法，孩子的英语能力就会提升得比较快。至于老师让做的事情，只要孩子考试能够考得足够好，老师一般也不会太为难他。

❓ 非常理解顾老师的理念，近来我们也在执行听课文和阅读。但是学校老师要求背单词、打卡，分数还要发在群里，家长也只有反复让孩子默写单词，让他背语法搭配，完成学校发的试卷。这样的情况下，如何更好地协调应试和语言习得？

▶▶ 本质上得让你孩子的英语水平对学校的内容

形成降维打击。但在这之前要看你怎么协调，看能不能通过跟老师商量，让他少做一些应试的作业，或者能不能由家长协助他比较轻松地完成有些作业。

? 孩子高二，想问有没有办法可以更快、更持久地记住单词的读音？孩子说他记不住单词的读音，比如遇到阅读理解中的生词，很想记住生词的读音，一个词大概会听词典发音十几遍。一篇阅读文章有时候有六到十个生词，孩子说早上听了学了，到了下午经常那几个单词的声音在脑子里一点痕迹都没有。请问怎么样才能把这些生词的读音长期记住？

▶▶ 这是非常典型的没有听力优先的结果。正常情况下，就是要听过很多次才能够掌握单词读音的。按照书面的方式记单词，读音是会容易记不住的。首先英文是拼音文字，所以一般来说，看到词，你会大致知道它是怎么念的，一般不会完全不知道怎么读，这跟汉字不同。其次，在阅读过程中不要太纠结于单词。一般来说，单词在不同的地方连续出现十几次才会记住，不要指望一次就记住单词，不要在阅读的过程中把心思放在单词上。阅读的过程是读内容的过程。整天想着单词，整个阅读过程是会被打破的。没事也不要去做阅读理解题，多读有意思的文章、有意思的书就可以了，做题对提高水平没有任何帮助。

❓ 材料的内容孩子只听懂50%可以吗？听到什么程度才算可理解性输入？

▶▶ 有的孩子能听懂80%都觉得不够，一定要听到95%才觉得比较舒服，这种情况就给他挑简单一些的材料。有的孩子可能也就大概听懂20%～30%，但是也感觉不错。如果一个材料孩子能听懂50%，可以先让他感觉一下有没有兴趣继续听，觉不觉得有意思，再看要不要继续听这个材料。当孩子觉得听得有兴趣，能够听懂大意，愿意去听的时候，就是可理解性输入。

❓ 关于孩子听有声书，有什么建议？

▶▶ 有声书是很好的，如果能够坚持听，效果非常好。如果听的是虚构类的有声书，也就是小说，整段听难度会比较大，孩子有时容易分神。最好给孩子听看过的小说。

❓ 对孩子来说，英语培训班和网络课程有没有必要？什

么样的网络课程有必要？那种不分析语法，只是用中文一句句讲解英语原著意思的课好吗？

▶▶ 我不觉得一定要去参加培训班。老师讲解的唯一作用是让孩子觉得材料有趣。任何网络课程和培训班从本质上说都只是在做一些辅助性的工作帮助孩子进行可理解性输入。最重要的还是让孩子大量听和阅读。

家长分享

▷▷ 我的孩子听过很多名著,比如《西游记》、《波西·杰克逊》(Percy Jackson)、《哈利·波特》、《猫武士》(Warriors)、《火翼飞龙》(Wings of Fire)、《小狐狸》(Little Fox)系列、罗尔德·达尔的书。孩子眼睛不好,一周看一次电影,看完会听相关的书。他小时候启蒙就是《玛泽的故事》,不需要中文翻译。

谢谢分享。

▷▷ 建议去 B 站找材料,都是免费的,什么冷门热门的都有,还可以去喜马拉雅 App 找。个人建议以兴趣为主导,喜欢电影就电影,喜欢动画片就动画片,兴趣驱动才能长久。电影有个好处,就是很多电影都有有声书,也就是能一鱼两吃。正常的电影没有我们想的那么难,听一个月,孩子肯定知道大概剧情了。大孩子的一个普遍问题是很想听懂,其实反而迷迷糊糊、一知半解是最好的,把英语声音当背景放着就行了。如果孩子实在想懂,那还是去看《小狐狸》,市面上没有比这个系列更好的图画词典了,一个画面配一句话,就是相对来说无聊一点。我一开始还给孩子看一遍中文,后来变成用抖音 App 搜索浓缩版介绍剧情,再后来变成喜马拉雅 App 搜中文的迪士尼故事,用这些边听边大概知道意思就好了。

谢谢。

▷▷ 我早先就是胡乱按自己的方法让孩子看绘本,后来感觉效果不大好，不知道要用什么好的方式启蒙孩子，直到遇见了顾老师，感受到老师的方法很好，然后就按照老师的理念给我们的孩子学英语。之后就一直给孩子看和听动画片，现在坚持有半年了。我们家两个宝宝，每天坚持看、听两三个小时，吃饭、刷牙、走路的时候，随时随刻都在听，不是专心致志地听，就是泛听。现在，孩子无意中就会说英语，不知道他们从哪里听来的。他们看到某一个场景，就会说相应的英语。

刚开始我也给孩子看"牛津阅读树"和"海尼曼"，跟国内大多数家长走一样的路线。但是我觉得那样的英语很破碎，只是一种词汇的重复。后来跟着顾老师的理念走，觉得动画片内容里的语言更庞大、更丰富，就把绘本都停掉了，直接看动画片。动画片是孩子们自己在B站上随便找的，他们很喜欢自己找的动画片，比如《玛泽的故事》，然后就反复听、反复看，一集动画片都能看上百遍。动画片的音乐和节奏一响起，他们就会不知不觉地跟着说，他们俩就这样跟着动画片在互相对话。晚上睡觉的时候，他们都要求妈妈把这一集动画片循环播放。

挺好的。

▷▷ 老师好，听您讲解会减少学英语的焦虑。孩子们（大儿子九岁，小儿子七岁）已经养成把英语动画片《玛泽的故事》和 *WOW English* 在家当成背景音的习惯，每天播放两三个小时，不知不觉跟着动画片说英语，已经坚持了半年。刚开始纯看动画片，他们很喜欢，渐渐地每天就把动画片单集循环，他们一边玩玩具，一边看视频，没有刻意去听，就是泛听。这样有三个多月，他们渐渐地就开始跟着动画片说话。今年暑假看的《玛泽的故事》这部动画片是孩子们自己找的，我推荐的他们都不喜欢，但他们自己感兴趣的就完全沉浸其中，暑假里有时一次能听七八个小时。现在，孩子跟我说他们大脑里回荡着英语声音。他们平时不知不觉就会说动画片里的话，连续说好几句。

谢谢。

⏩ 孩子三年级，喜欢《超级宝贝儿歌》《小马宝莉》，还喜欢看可汗学院的数学课。他是从六岁多开始按照老师的方法，大概听了两年，就可以听符合他年龄段的英语了，比如《疯狂学校》，他有一段时间只要在家里就会打开听。我给他买了一个MP3，他在家就听。后来他上了小学，又听了一段时间。

现在，因为他在学校里数学学得不是那么好，一个朋友就给我推荐了可汗学院的数学课，我试着给他听，他能够听懂，因为内容不难，适合二三年级，跟我们传统公立学校的数学是同步的内容，甚至比我们的内容还要浅显一些。但是那些课程会比较形象，比如讲到乘法或除法，它会用图形画下来，然后给孩子讲，讲完一个例题以后会有同步的作业和几个题目。我觉得孩子就当作一个很好玩的东西在看，也没有给他压力，他看得挺感兴趣的。开始我也担心他看不懂，后来我发现他是能看得懂的，可能因为这个讲解得比较形象，没有在学校上的数学课那么枯燥。他看的是可汗课程儿童版的，针对小学生的。

孩子现在九岁多,他一直都不觉得他在学英语,而觉得他是在听故事,所以对英语学习很有兴趣,也会看他自己喜欢的迪士尼的电影,也都能够听懂。他会反复听喜欢的内容,有些能听几十遍,像《小马宝莉》《查理和罗拉》《驯龙高手》《神奇树屋》《朱尼·琼斯》这些,听到前一句他就可以说出后一句。但是现在他还不太会认字,纯听,我们也没有要求他说。目前,他偶尔想讲故事的时候,也可以把他听到的故事讲出来,我们没有勉强他,没有刻意引导他讲。现在,我还在想如何引导他阅读,下一步就想给他看听过的东西。比如他喜欢《朱尼·琼斯》,这套书有二十多本,我觉得其实就可以让他自己经常翻一翻。

很好。

▶▶ 我从孩子三年级开始听顾老师的课带孩子启蒙。虽然老师反复强调不要背单词,但由于焦虑,我还是试着让孩子背过半年单词,发现效果真的一般。我又反复听了十几遍老师的讲座,终于决定彻底放弃单词,让孩子纯粹听故事、看视频,他的词汇量反而增长得很快。

不错。

▶▶ 孩子上六年级,之前按顾老师说的凭兴趣听为主,每天可以听三四个小时。孩子听《小谢尔顿》(*Young Sheldon*)三四个月了,看了一遍视频之后再听,剧中意思他都知道,听得也挺熟练的,但是和词音没对得很好,给他看英文台词他也不认识,就光听个热闹的感觉。接下来我要怎么办？他不乐意换别的听。

我不确定他之前水平怎么样。愿意去听《小谢尔顿》这种并非儿童文学的正常美剧，说明他的水平还可以，坚持就行了。他如果想去看一看英语台词，当然也可以。但是不一定强求。如果想让他后面在阅读上再有提高，家长可以再让他逐渐过渡到阅读。

▷▷ 孩子十岁，今天给他下载了英语动画电影，让他挑喜欢的看。

对，让孩子挑是非常棒的。有的博主、老师列了很多书单、影片清单，而且定得死死的，这个月看什么，下个月看什么，孩子要是不喜欢看列出的东西，就直接卡住了，就没法继续学英语了。

▷▷ 我家孩子十一岁，这个学期没去上午托班，天天在家里，所以开始有大量的时间听小说。上半年听了罗尔德·达尔的几本小说和几本《棚车少年》，感觉进步又很大了，现在经常能活学活用听到的英文短语。

非常棒。

▷▷ 我们家孩子十一岁，现在五年级。我想说一下他听力材料的变化。我是在他二年级的时候接触到顾老师的学习方法的，那个时候他也算是零基础。我刚开始是给他看动画片，找他感兴趣的动画片。最近他自己进行了调整,我就发现兴趣很重要。前一段时间他是听儿童类的小说,比如《棚车少年》和罗尔德·达尔的书,也不算太简单。

最近我就发现他又开始听牛津"书虫"系列,从一些比较简单的书听起。这些书是名著改编的故事,词汇虽然简单,但是内涵其实不简单,比如《爱情与金钱》《双城记》《金银岛》。他都是自己在听力软件上找,某一个材料听腻了就去找下一个材料,特别爱听的材料他就能听很久。罗尔德·达尔的《查理和巧克力工厂》(Charlie and the Chocolate Factory)他听了可能有七八遍,就能整段地把里面那些儿歌背下来。那些儿歌其实特别长。他自己还录过一回,将近六分钟,完全是自己背下来的,因为他觉得特别好玩,特别有意思,就能反复听下去。上周他听《爱情与金钱》那本小说,初次接触这样的名著小说,听了五六遍,我还以为他可能听着听着就听烦了,结果发现他还是一直在听。我就觉得孩子的兴趣真的很重要,不要强求什么难度、分级之类的。他兴趣在那,听得多,就能吸收进去,也能输出。

他之前听过的《我的世界》里有一段有哲理的话。有一次我接他放学回家的路上,我们聊到生活中某一个问题的时候,他就用英语把这一大段话都讲给我听了。我觉得他说得特别地道,问他从哪里学的,他说就是那本书里的。我也学了那么多年英语了,可是一点都想不到这样的说法,说不了这么地道。

我们之前也纠结过背单词的问题,背过半年,基本没有效果。后来完全放弃背单词,把时间节省出来听故事,孩子的进步很大,他的词汇都是日常听力材料和阅读材料中积累的，发音也特别地道，外教老师都夸他发音好。我和孩子爸爸的口语都不太标准，孩子完全是和听力材料学的发音。

非常好，大家也能够感受到他的成功背后轻松的心态非常重要。

▶▶ 我们家孩子上小学之前从来没有接触过英语，最初跟学校的进度是很累的。他也有畏难心理，觉得自己肯定学不好英语。

后来我们听了一次顾老师的分享课，那个时候我是抱着一种试试看的心态，就按照顾老师的理念，让孩子每天最少听半个小时英文视频或 BBC 节目。四年级到六年级之间，他每天都先听最少半个小时的英语听力，然后去一个国外的网站上阅读。当时孩子差不多用了两个月选内容，他挑的大部分是社会类、历史类、文学类、宗教类的科教片，都是正常语速的。孩子自己坚持英语听力和阅读，后来四年级裸考 KET，六年级裸考 PET，成绩都是优秀。

所以真的就是靠扎扎实实地输入原版材料，才能成为英语学习的佼佼者。

▶▶ 我想到口音的问题，还可以分享一下我家孩子的例子。他启蒙的时候听的基本是美音，口音基本定型在美音了。有段时间一直听《查理和巧克力工厂》，主播是英音。他自己录这个小说的音频玩时，我发现他用的是美音，居然没有被英音的音频影响，还挺有意思的。

是的。

▷▷ 我女儿小时候很喜欢看《卡由》《小乌龟富兰克林》《神奇校车》这些英文动画片。我也给她下载了许多有声书，每天早起、睡前和吃饭时间放给她听，上学和放学路上她也抱个MP3听英文小说。后来，她如果在吃饭时间、出门路上不听些语音资料，就会觉得少点什么，主动要求播放。所以她对英语从来没有排斥感，从《柳林风声》《黑骏马》《夏洛的网》这些童话，到长篇小说如《哈利·波特》系列和《分歧者》系列等，她都会主动找来原版小说阅读；像《小谢尔顿》《神探夏洛克》这些英美剧，她也都看得津津有味。她中考英语118分（满分120分）、高考英语145分（满分150分），我觉得都和小时候养成的习惯是密不可分的。

谢谢分享。